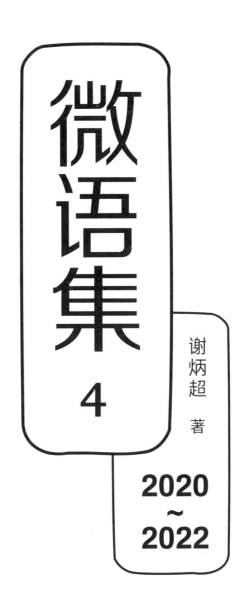

微语集

4

谢炳超 著

**2020
~
2022**

中国出版集团 东方出版中心

图书在版编目（CIP）数据

微语集. 4, 2020～2022 / 谢炳超著. —上海：东方出版中心, 2023.11

ISBN 978-7-5473-2288-8

Ⅰ. ①微… Ⅱ. ①谢… Ⅲ. ①社会科学－文集 Ⅳ. ①C53

中国国家版本馆CIP数据核字（2023）第208932号

微语集4（2020～2022）

著　　者	谢炳超
责任编辑	费多芬
装帧设计	钟　颖

出 版 人	陈义望
出版发行	东方出版中心
地　　址	上海市仙霞路345号
邮政编码	200336
电　　话	021-62417400
印 刷 者	上海颛辉印刷厂有限公司

开　　本	710mm×1000mm　1/16
印　　张	16
字　　数	179千字
版　　次	2024年1月第1版
印　　次	2024年1月第1次印刷
定　　价	78.00元

自序

不知不觉又过了三年，不知不觉又积累了一千多篇微文，不知不觉跨过了花甲之年。

这三年，是非常特殊的三年，是受新冠肺炎疫情严重影响的三年，也是国际环境复杂、经济状况不景气、企业压力最大的三年。回顾这三年，真是一言难尽！其中，有些微文是我对某些人与事、某些变数、某些经历的记录，有些微文是我对被人折腾、被人骗、被人忽悠的反省，有些微文是我学习研究、思考问题的总结，有些微文则表达了我内心的苦衷，或反映了我心灵深处的喜悦与欣慰。

不论如何，这三年在反反复复中省悟，在不断学习中求进，总算在跌跌撞撞和重重磨难中坚持下来了。

阳光总在风雨后，疫情过去了，秩序恢复了；乡村振兴、城市更新、数字化改革等一系列举措正在全力推进社会经济发展；高质量发展、高品质生活，成为举国上下共同努力的目标；生存环境、生活环境、生产环境、发展环境越来越好；在这样美好的新时代里，人总要有点理想、有点抱负，总要干些有作为、有价值的事。

虽然，我已跨过了第一个甲子，但是，我依然充满自信与信心，去接受未来一切的考验，依然秉持初心与正义，去面对不可预料的变数，依然坚持不懈努力、积极进取，去实现人生奋斗的目标。

目录

2020~2022

商 道 篇

天有天道，地有地道，人有人道，商业有商道，不论是做小生意，还是办大企业，都要顺道而行、遵道而为。什么是商道？就是遵守行业规矩，遵从市场规则，遵循经济规律；凡是从商的老板、管理者或员工，都要了解并遵守本行业规矩，明白并遵从与自己相关的市场规则，掌握并遵循与本企业相关的经济发展规律。

商道强调积极进取、勇于探索、适应变化、不断创新，主张互惠互利、诚实守信、尊重他人、关爱社会；只有遵守商道，才能取得顾客的信任和合作伙伴的支持；只有遵循商道，才能树立良好形象并获得更高价值；从发展规律看，商界竞争，不仅是质量、技术、服务方面的竞争，更是顺道、守道、遵道上的优胜劣汰。

做生意、搞贸易或从事营销工作的，可能因市场、环境、人脉的变化，而出现有一单没一单的断断续续的现象；如果资本不大、垫资不多、人员不多，就不会带来太大的影响，反之，肯定损失惨重；搞投资、办企业、做项目，如果出现断断续续的状况，很可能带来灭顶之灾。因此，凡是从商办企业，都要三思而后行。

做事、做事业、做大事业、做伟大事业，属于四个不同层面。仅会做事的人，只会考虑当下、眼前和本职的事；有事业心的人，不仅考虑眼前，也会考虑未来，不仅考虑自身，也会考虑关联方；做大事业的人，偏重考虑事业未来发展，更会照顾关联方利益；成就伟大事业的人，更多考虑人民、国家、民族利益与命运。

有关资料表明，民企平均生命周期仅三年，究其原因，可分六类：一是产品落后被淘汰；二是扩张过快而失控；三是转型升级中踩空；四是互保联保被套牢；五是避税偷税而关停；六是帮人助人被拖垮。第六类情况虽然不常见，但问题十分严重，在讲究人情世故的中国，一些老板因顾及面子、关系而导致企业被拖垮。

初创企业，不要贪大求多，而要在大市场中，寻找合适自己的小切口；要在市场划分中，给自己找定位，要在产品竞争中，找到切入口。初创企业，先要考虑能否进得去、能否被认可、能否有角色；先要求生存、打基础、做演练、建团队，打开切口之后，再逐步扩大切口、吞食市场、扩大市场、打造体系、成为巨头。

以小切入，以巧取胜，以实掘进，以远发展，这是初创企业必经的发展之路。以小切入，是瞄准市场空白或细分市场，分析比较优势，切入市场空隙；以巧进取，是面对同行企业，不硬拼强干，而愿做助手配角，实现借船出海；以实掘进，是靠自身质量、技术和服务取胜；以远发展，要制定发展战略，分步实施推进。

企业发展过程中，不仅要重视当下，也要思考未来，更要回顾过去。过去的成功，是当下的依据，更是未来的基石；过去的失败，是当下的禁令，更是未来的警钟；只有不断总结成功经验、不断吸取失败教训，才会不断提醒自我、反省自我、警告自我，才会减少失误、减少损失，才会让企业的发展之路走得更稳更远。

刚创业时，如果创业者选择与他人合作办企业，很可能因为顾及面子而忽视了章程、协议、制度的重要性与严肃性，给企业后续的经营、管理与发展埋下了"雷"，导致股东矛盾、管理混乱、执行不力，直接影响企业正常运行与发展。因此，凡是办企业必须按《公司法》来，必须具备公司章程、规章制度、操作规程。

企业从创办到发展，必须走好稳、准、狠三步棋：首先，全过程稳字当先，不论初创，还是壮大，不论战略，还是战术，不论赢利，还是亏损，都要稳定、稳健；其次，市场剖析要准，科研创新要准，客户定位要准，人才定岗要准，发展目标要准；第三，打开切口要狠，市场竞争要狠，奖罚措施要狠，执行落实要狠。

大多初创企业缺钱，而银行不会轻易放贷，于是很多创业者为了保障公司正常运行，采取民间借款或拉人入股；但是，民间借款利率较高，给企业带来很大压力；而入股股东很可能不放心，会给创业者带来压力。如何面对类似情况？一要量力而行、逐步发展；二要完善架构、划清权责；三要遵守契约、依法维权。

当下处处充满竞争，每时每刻、每人每事、各岗各位、各行各业，无不优胜劣汰；比赛有冠亚季军之分，而竞争只有赢与输、胜与败、对与错；面对竞争，人们想方设法，各有其招，各显神通；面对竞争，人们忘了情感，忽视关系，翻脸无情。为了生存、生活和发展，人们不得不竞争，但是，竞争并非最佳发展之道。

"不战而屈人之兵，善之善者也。"可见，竞争是无奈之举，不通过竞争而赢得市场，才是真正的发展之道。如何才能做到不战而胜？一是独辟蹊径，自创蓝海、开辟市场、引导需求、独占鳌头；二是守正创新，巩固基业、与时俱进、开发要素、创新发展；三是自我完善，全面提升、修炼内功、增强实力、主宰行业。

做生意、投项目、搞合作，不仅要看重当下，更要看重未来，如果当下损人利己、损公肥私、占人便宜，那就基本上没有未来。为了未来事业，既要遵守规则，又要培育人脉；既要盘算投资，又要珍惜机缘；既要平等互尊，又要以诚相待。做生意靠人脉，投项目靠机缘，想合作靠真诚，人脉、机缘和合作关键靠人品。

合作过程中，既要考虑自身利益，也要考虑伙伴利益，影响自身利益，你会不满意，伤及他人利益，他人同样有想法。合作犹如"双面墙"，里外两面都得兼顾，"单面墙"靠不住，多关心他人那面"墙"，就是在巩固自己的"墙"；合作也如"双刃剑"，伤了对方，也会伤到自己。因此，合作过程中必须照顾伙伴。

在利益面前，员工心中有杆秤，分得清大中小，明确国家是大头，企业占中头，个人得小头；牢记"合法经营，依法纳税"，不论在什么环境下，绝不能影响国家利益，更不能偷税漏税；在经营管理过程中，必须考虑企业利益，在保证企业利益的前提下，再来考虑自身利益，这样才能实现企业发展、员工进步的目标。

企业发展，先设目标，围绕目标，先做规划；规划方案，合理可行，方案落实，须订计划；执行计划，服从指挥，明确岗职，分工合作；实施过程，步调一致，管理到位，控制有效；发现问题，及时完善，深度细化，逐步提升；加强监督，违章处罚，重视激励，表彰先进；理想远大，从小做起，鸿鹄之志，从细抓起。

建筑靠基，无基不固，诚实是基，欺骗自倒；树木靠根，无根不活，信用是根，失信自残；立业靠本，无本无业，资源是本，幻想自灭；做人靠心，无心非人，奉献是心，索取自毁；根基不固，寸步难行，做人不实，前程无望；失去根本，犹如尘埃，忘了初心，犹如幽魂；根植社会，建功立业，心系大众，获得价值。

搞好企业管理，需要制度、规则、措施与模式，需要方法、手段、技术与艺术，更需要管理者全力投入、真情投入、全心投入与全神投入；如果简单地按书本唱、按脾气来、按经验来或按感觉来，那么最好的企业也会变得一塌糊涂。管理不但要管人理事，而且要管事理人，人理得顺，事才管得好，企业才会稳健发展。

老板或企业的"源代码"，很容易变成深深的烙印，印在老板心灵、印在企业深层，从正面来看，"源代码"会变成企业成长与发展的驱动力，从侧面来分析，"源代码"会变成一把锁，锁住人的思维、锁住人的行为，也会锁住某些人脉、机制和规则，直接影响创新与发展；因此，我们理当以辩证思维去面对与思考。

　　什么是老板或企业的"源代码"？一般指老板、企业发迹时的第一笔生意、第一个产品、第一个客户或第一桶金，就是说，老板或企业到底靠什么起家？是靠投机、人脉？还是靠辛苦打拼、研究成果？是靠假冒骗等非法手段，靠帮人打工？还是靠其他途径发迹？这就是"源代码"，它会影响老板或企业发展的全过程。

　　"源代码"的基因，直接关系到老板或企业的文化，不同的"源代码"自然派生不同的文化，企业文化的确立、传播、应用，慢慢锁固团队及员工的思维、行为和理念；因此，企业在发展过程中，要对"源代码"进行分析，要扬长避短，要传播正能量，要抹去曾经的劣迹，走守正创新的发展之路，确保企业稳健发展。

　　"源代码"的烙印，很难磨去，如果是靠艰苦、创新、勤劳、拼搏、智慧发迹的，该老板或企业可能会不断创新、艰苦奋斗、不断进取；如果是靠投机、人脉、非法手段起家的，该老板或企业可能会不断投机、绑架人脉、买空卖空；如果是靠假冒骗、打砸抢、强占霸发财的，该老板或企业可能会难忘其发财的老手段。

　　每位老板都有其发迹的"源代码"，每个企业都有其初创的"源代码"，这些"源代码"可能成为老板和企业的文化符号，不论企业发展得怎样大、怎样强，其"源代码"的印记都很难消除、很难被忘却。这些"源代码"，也许是核心竞争力的核心要素，也许是经营发展的绊脚石，因此，企业很需要查查"源代码"。

最高境界的管理是管理者与被管理者为了共同目标而自觉行动、自觉挖潜、自觉执行，但从一般人员、一般团队、一般自觉来看，距最高境界很远。从一般的管理来看，还需要有人管有人理，如果都不管不理，那么肯定管不了理不顺。如何才能实现最高境界？需要打造一个有共同志向、为了共同目标而自愿奉献的团队。

靠恭候客户还是主动推销？靠人际推广还是广告推销？不同产业、不同行业、不同企业有不同营销模式。从新时代、新理念、新营销来看，任何产业、任何行业、任何企业都要考虑主动出击、主动推广、主动推销，都要高效推介各自企业与产品，在市场竞争激烈的环境下，"酒香不怕巷子深"的日子早已一去不复返。

到底是需求拉动经济发展，还是供给引导经济发展？很难说！供不应求的年代，主要靠需求拉动经济发展，而在供大于求的年代，直接拉动经济发展的并不是需求，而是供给方开发的新需求、新市场、新消费，诱发消费欲望，保持供求平衡、经济旺盛与市场活跃；通过不断地、深度地挖掘，推动一轮又一轮经济发展。

多数企业有近期计划、远期规划与发展战略，但企业在运营与发展过程中，由于受外部环境或其他因素的影响，只得不断调整并完善计划、规划与战略，只得有针对性地调整组织结构、运营模式及管理方式。在以变应变、创新求变的情况下，引导员工服从领导、思想统一、明确目标、步调一致、克服阻力、齐头并进。

规模以上企业应该设"人、财、物、产、供、销、发、研"等部门，人力资源多居首，可见企业发展的根在于人才，缺乏人才或人才乏力，都会阻碍企业运营与发展。因此，企业要制定与发展匹配的人才发展规划，要明确在发展过程中增设什么部门、需要什么人才、设置什么岗位责任、完成什么任务、达到什么目标。

先走一步是先进，先走两步变"先烈"，同步前进叫携手共进，紧跟时代叫与时俱进，紧跟领导叫追随者，盲目后继叫跟屁虫；都在干事、在创业、在前行，但结果却千差万别。自己到底属于哪一段、走哪一步？是先创者，是追随者，还是盲从者？心中应该有数。我们可以开创，但不做先烈；我们可以追随，但不能盲从。

当下，市场成熟、产品饱和、竞争激烈、行业内卷的环境，不仅倒逼企业产品创新、技术革新、管理创新和模式创新，而且要求企业更加规范、更讲规则、更重商道；创新能够挖掘人才潜能，凝聚员工团队，支撑企业不断前行与发展；规则能够保证企业有序运行、稳健发展；商道能够保证企业经久不衰、基业长青。

"一个篱笆三个桩，一个好汉三个帮"，一个人不管能力多强、水平多高、背景多牛，终究需要组织关照、团队相助和多方支持；一个企业不管多大、多强、多兴盛，还是需要政府重视、部门关照和关联企业帮助。要想事业成功，必须请高人指点；要想提高竞争力，必须听专才意见；要想少走弯路，必须主动求帮助。

企业老板或高管，如果不懂政治、不关心政治、不研究政治，肯定是个反应迟钝、思想落伍、智商一般的人，这样的老板或高管很快会被时代所淘汰；从商办企业的人，如果去插手政治、干扰政治、抹黑政治，肯定是个表现疯狂、自以为是、异想天开的人，这样的商人、老板，哪怕是大亨、巨头，都将被时代所抛弃。

企业主的主要任务是力保企业正常运营与稳健发展，主要目标是实现社会效益与经济效益，主要责任是对企业安全负责、对产品质量负责、对服务对象负责；企业要贯彻方针政策、把握发展趋势、了解市场需求、提升自身实力、谋求稳健发展；企业要重点明确自身角色、任务、义务与目标，要做好自己、回报社会。

奋斗不是盲从，不是蛮干，不靠心血来潮，不搞异想天开，而是从自身实际出发，从自己基本条件出发，从环境与社会需求出发；奋斗过程中，要经得住考验与打击，要不断总结经验、吸取教训、修正完善；奋斗可分小、中、大、近、中、远，可以从小、近做起，然后逐步渐进、逐级提升、逐个获胜，直至目标实现。

多年来，我通过一些合作，得到了经济收益、助推了事业发展，同时，也因为某些合作，给自己造成了重大损失，甚至灾难性的打击；合作犹如"结婚"，双方真心与诚心，才会齐心协力干事业，才有成功的希望与奋斗的前途；如果对象找错了，将灾难不断、后患无穷。发展过程中，合作是必须的，但要谨择慎交。

合作的前提是坦诚相待、精诚合作，如果各自打着小算盘，各自为了自身利益，只想通过合作获得自身利益，而不考虑合作伙伴利益，不愿为同伴作贡献，这样的合作肯定会矛盾四起，最后肯定失败。要么不要合作，要么坦诚相待，两者只选其一，如果三心二意，结果就是没有结果。在合作之前，先想明白再做决定。

企业大多主张付出与获得对等，如果个别员工自身能力差、水平低、不付出、不努力，甚至给企业带来阻力与损失，这样的员工想得到高薪酬、多奖励、好岗位、提职务，那是不可能的。一般来讲，按劳分配、按能奖励是企业生存与发展的前提，如果奖懒罚勤、养慵逐能，这样的企业不仅走不远，还会很快倒闭破产。

企业想得到当地政府优惠政策，政府肯定也会对该企业有什么、能干什么、会带来什么进行评估，如果企业不能被认可，那么政府就不会给予支持；如果该企业能吸引大额投资、带来高额税收、拥有高尖技术、引入大批人才、引领行业发展，政府当然会一事一议、特别服务、特殊照顾，这就是有什么与要什么的匹配。

民营企业从小到大，一路上坑坑洼洼、荆棘满布，从一个又一个坑中爬滚出来，从一个又一个问题中解脱出来，一路如履薄冰、战战兢兢，一路害怕危机、严防意外。企业老板犹如工兵，一路前行，一路排雷，一不小心就会倒在雷阵上。要想走向成功，全靠机智应对、勇敢前行。人生不易，老板不易，期望得到理解！

　　企业的规模与贡献度，决定老板和股东的地位，也决定企业员工的价值：企业强大了，被认可的程度也高了，各类荣誉接踵而来，员工也觉得光荣；企业强大了，老板吃香了，外界也高看了，办事方便多了，求人帮忙的事也少了。可见，一个企业的兴衰，决定着老板、股东、员工的价值，做强做大企业，才是硬道理。

　　创业、研发或投资时，如果企业没有做好调查研究、没有掌握供求信息等相关情况，可能导致闭门造车、盲目研究、重复投资等现象；市场开发同样如此，如果对产业链、产品链上下游情况不了解，对行业的整体情况不清楚，很可能因信息不对称而造成损失与后患。知彼知己，百战不殆，创业、研发与投资也不例外。

　　经济背后有政治保障，政治背后有经济支撑。经济与政治之间，既无法割裂，也不能混为一谈，政治没有经济支撑，上层建筑无法巩固，生产关系必然乱套；经济没有政治保障，经济基础势必塌陷，生产力肯定倒退。从上至下，从组织到个人，都遵循这个道理，能够明白道理，才会重视；能够重视，才会有光明前途。

　　战略人士与战术人员的目标追求、思考层面和思维方式大不相同。战略人士，更多思考矛盾、优势、完善、发展、大局与未来；战术人员，更多考虑执行、任务、指标、项目、盈利与回报。战略人士看今后，战术人员看眼前，战略人士往大看，战术人员往细看。战术是战略的具体表现，优秀战术人员的前提是读懂战略。

是做生意还是成就事业，很多人搞不清楚。如果单从生产、分配、交换与消费等过程分析，其每个环节、每个过程、每个合同、每个结果，都是一笔生意。如何保证每笔生意都能成功？如何保证生意可持续、可延伸、可发展？需要坚持不懈的付出与持之以恒的努力，这些付出与努力，会将简单的做生意变为成就事业。

员工的形象，代表企业的形象，每个员工的言行举止，都会体现或影响企业形象，或加分，或减分，或赞赏，或鄙视，人们都会给出相应评分；员工良好的形象与出色的表现，会给企业加分，会提高企业的知名度、美誉度和客户的忠诚度；企业是大家的企业，企业形象靠全体员工共同维护，大家表现好，企业才会好。

企业最大的不可预测的成本是沟通成本、决策成本和试错成本。如果不善沟通或沟通不畅，就会造成企业内部各逐名利、各推责任、关系复杂，造成不可估算的损失；如果不做深入调研，不做综合分析，而简单粗暴地决策，很可能带来灭顶之灾；任何错误都会给企业带来损失，小过失还能救，大错误会置企业于死地。

很多事，就是由于细节上的缺失与实施过程的不够周密，造成不经意的疏忽或过程中的遗漏，由此带来严重的恶果或不可弥补的损失；可见，任何的细节设计、细节处理、细节安排都很要紧，一旦不认真、不小心、不到位，就可能造成全盘皆输。"细节决定成败"，既要把握大局，又要注重细节，才能取得最终胜利！

企业在生产、管理、运营与发展的全过程中，必须有职责、有指标、有考核，必须与收支、成本、利润挂钩，必须按能力、按作为、按贡献给予奖励；但是，如果一些非企业性质的部门，也按企业的管理模式，实行与利润挂钩的指标考核，就会使其主旨发生本质的变化，可能带来严重后患，类似状况，值得人们反思。

生意人必须讲规矩，基本规矩就是质量可靠、价格合理、服务真情；做生意的人，要想把生意做长，就要把回头客当目标，从而倒逼自己重品质、做口碑；如果不懂规矩，把刀磨得很快，见客就宰，能宰一个算一个，这简直是在开黑店，不仅没有前途，更有可能马上关门大吉。敬劝不懂规矩的生意人，尽快纠错改正。

整合资源必备的三个条件：一是自身拥有核心资源，并借助资源核心向两头拓展或周边延伸，逐步形成资源圈和产业链；二是具备整合资源能力，在有限的资源基础上，发挥整合能力，吸引关联资源向自身靠拢；三是享有整合资源的权威，具备某个行业、某个产业、某个地域的权威，可以借权威身份，整合关联资源。

挣钱与事业的关系，容易混淆。有人认为挣钱就是事业，今天挣钱为了明天的事业，挣钱的过程就是成就事业的过程……听起来有道理，但有偏差。其实，挣钱是挣钱，事业是事业，挣钱可能为了生活，而不一定为了事业；有钱不一定事业成功，事业成功也不一定有钱；为了回报社会而挣钱，挣钱、事业才算一体化。

把工作当挣钱方式，还是当事业沉淀？把上班当消磨时间，还是当生命一部分？这是两种完全不同的心态；如果工作就是为了赚钱，就会过分计较个人利益，不利于个人与团队发展；如果把上班当消磨时间，过着混日撞钟的生活，就会葬送个人与单位的前途。只有有很强的事业心，十分珍惜时光，才能成就一番事业。

在做生意还是在做事业？这是两种完全不同的态度，如果用做生意的态度去应对事业，事业肯定失败；如果用做事业的态度去面对每笔生意，那么不仅会取得双赢，而且会做长做强；不论是做生意，还是做事业，态度决定成败；如果以认真主动、积极负责和坦诚相待的态度去完成每一项工作，那没有什么事完成不了。

2020~2022

经 营 篇

管理是一个单位、一个组织乃至一个政府的基本职能和基本手段，管理过程中，最怕紧得过死、松得过散；也就是说，重视的时候不能层层加码、层见叠出，否则会造成物极必反；不重视的时候，不能放任自流、不闻不问，否则后患无穷；总之，严管之时，不可将权用尽，不管之时，不能把责卸光，否则，必有后患。

如何寻找创业或投资项目？首选国家有要求、百姓有需求的项目，这样的项目可以顺势而为，容易成功；次选国家没导向而百姓有需求的项目，这样的项目可能运作成功；还可选择国家有要求而百姓需求不明确的项目，这样的项目如果拿到授权，加上市场运作可能成功；其他项目尽量不要去碰，否则，成功概率很低。

不论参与什么项目投资，保住本金最重要，在投资过程中，很可能出现意外，不盈利可以理解，如果连本金都赔了，可能会大伤元气、一蹶不振。因此，项目投资务必牢记保住本金。投资不是赌博，必须做好风险防范，凡是容易出险、没有把握、无法控制及不懂不专的投资，尽量不要参与，以免肉包子打狗有去无回。

办企业做生意的人要明白一个道理，不是你要做的就是市场想要的，要以市场需求为导向；不是你认为好的就是消费者认可的，要以消费者需求为基础；如果市场没需求、消费者不认可，那么自以为最好的产品也是废品。如果连这个道理都悟不通想不透，不论你做什么，都是枉费心机，因此，我们千万不要自以为是。

　　管理的职能是计划、组织、指挥、协调与控制。企业主要管理者的主要任务：一是确保每个部门、每位员工的岗位、职责和指标明确；二是确保团队目标一致、步调一致；三是确保每件事、每个物，都能落实到岗、到人；四是确保团队团结协作、部门高效沟通、岗位有效协调；五是确保奖罚措施到位、绩效考核合理。

　　工作过程中，为什么会出现差错与漏洞？可能与工作计划相关、与执行能力相关、与责任心相关，可能与工作作风相关、与自私自利相关；出现差错与漏洞，与其批评处罚，不如采取补救措施，靠后悔检讨，不如及时堵漏。为了减少工作失误，必须应用 PDCA 循环质量管理，认真落实计划、执行、检查与处理（完善）。

　　优势互补、资源整合、互惠共享、合作共赢，是当下被认可的、主推的共同发展模式，尽管这种模式被看好，但是真正成功的案例并不多；原因很多，比如资源不匹配，相互不认可，利益不对等，目标不一致等；要想促使这种模式成功，就需要前期深入调研，既要摸清互补整合的意愿性，又要把握共享共赢的可能性。

　　如果仅有完美的发展战略与宏伟的规划目标，而没有强劲的实施团队或得力的执行人，那么一切都是空中楼阁；与其脱离现实空想，不如扎扎实实、认认真真地把战略规划目标落实到位。不论你从事什么职业，不论职务高低，都要从实际情况出发，从团队执行力出发。能够将战略目标变成现实，才算得上真正的成功。

日常管理工作中，人笨一点不可怕，可怕的是不仅笨而且缺心眼，用简单、偷懒的做法去应付正式、复杂的事情，结果犯下特别低级的错误，造成本可避免的损失，真的无法原谅！管理工作需要人才，用好专业对口且认真负责的人才，才能保证管理到位、责任到位，才能减少损失、提高效率，看来理人比管事更要紧。

对未来结果的预测水平，实际上就是当下的决策水平，要想知道未来的结果是什么，关键看你当下的决策如何。正确的决策会带来善果，错误的决策会带来恶果，正确的决策来自决策者的前瞻性、理智性、客观性与务实性；深入调研、集思广益、综合分析与理性判断是正确决策的要素。要想取得善果，必须慎重决策。

如果只站在自己的角度考虑问题，只想自己好处多一点、威望高一点、盈利多一点、名气大一点，那么合作很难成功，友情很难延续，生意很难做成，团队很难融洽。这是一个互助、互惠、共享、共赢的时代，不论合作，还是交易，不论交友，还是团建，务必顾全大局、换位思考，否则，很容易被社会被时代所淘汰。

项目的结果大多很难判断，要想预测未来，建议采取科学方法：一是调研法，深入调查研究，了解并读懂项目实质，预测未来发展与结果；二是分析法，掌握项目各类信息，通过综合分析，预测未来变数与结果；三是推理法，根据项目曾经与当下，推测项目未来发展与趋势。当你迷茫时，不妨用上述方法辨析、决策。

如果忙碌没有成效，再忙也是空忙，付出越多亏损越大，如果用结果反证决策、反证过程，道理的确如此。因此，做任何事情，都需要站在结果角度来思考问题、分析问题、判断问题；需要对结果负责，对行为负责，对成本负责。但是，如果不对接怎知信息真假？如果不调研怎知项目本质？可见结果与决策需要衡量。

在竞争激烈的环境下，不论是投资项目，还是建设工程，不论是做贸易，还是做服务，都有很多厉害的竞争对手，如果没有花百分百的精力去应对，就不可能成功。在走向成功的路上，如果没有快速反应与及时应变的能力，就很可能会半途而废；即使成功了，如果没有花百分百的心思去运营，成功也会从指缝中溜走。

每个人、每个企业，都应作自我评估，能不能承接、能不能按约定完成任务，都要做到心中有数。如果能，就大胆承接，如果不能，最好悄悄放弃；如果勉强承接而完成不了的，还不如干脆放弃。不接，可以推脱事多人忙，没有精力；接了，就没有任何理由去辩解。任何人、任何企业，做任何事，务必做到心中有数。

不论成功或失败，都是有原因的，其中有客观原因，也有主观原因，到底是什么原因支撑着成功，或是什么原因导致了失败，应该全面、认真地剖析，该是什么就是什么，决不能将成功全部归功于自己，更不能将失败全部推卸给他人。不论做什么事，如果将功劳冠给团队，将责任留给自己，未来的事业肯定越来越大。

　　会找原因的人，不论碰到什么事，不论成功与否，都会进行客观、理性的分析：如果成功了，原因是自己的能力强、水平高、人缘好和专业精等；如果失败了，原因是情况特殊、环境不好、运气不好或他人阻碍等。成败的原因是客观事实，而不是主观判断，我们不论成功还是失败，都要客观、全面、辩证地作出评定。

　　提前准备工作，有计划地安排出差，提前买好机票，与临时出差买机票，机票价格等成本完全不同，后者可能是前者的几倍；制订计划、合理安排、有序推进与无序做事、紧急应对、临时弥补，其成本完全不一样。可见制订计划与有序执行的重要性，只有计划好、准备好、策划好，才能降低成本、提高效率、稳健发展。

　　机会到处都有，关键看你能否把握，把握得住叫机会，把握不了就是故事；机会每时都有，主要看你能否接住，接得住的叫机会，接不住是事故。尽管机会很多，不一定都能碰得到，就算碰到机会，也不一定都能得到，就算你能得到机会，也不一定都能成功。人的时间、精力、能力和水平都是有限的，最好择机而为。

　　做任何事情都要保证目标明确、方向正确，把握方向、实现目标的关键是珍惜过程，过程有长有短、有顺有难，过程若能抗得过来，必能迎来成功，如果在过程中放弃，那就永远没有前途。过程在于不断折腾、努力拼搏，过程在于保持定力、不忘初心，过程在于积极应变、逐步完善，切记：熬得住过程，迎得来希望。

解决问题要以问题为导向，市场营销要以需求为导向，实现目标要以目标为导向。按理说，有关导向的问题谁都懂，但在具体的执行过程中，很多人把导向搞偏了或者搞乱了，由此造成不少麻烦。不论什么人、做什么事，都要明确工作导向，始终围绕导向、对照导向、牢记导向，才能解决问题、满足需求、实现目标。

做生意、谈合作，不论对方是什么样的企业、什么身份地位，必须尊重对方，必须遵守规则，必须平等相待。不能因为对方是大公司，是有级别的领导就丧失原则、唯唯诺诺、唯命是从，这样肯定会在合作中吃大亏；也不能因为对方是小公司、没有身份地位就居高临下、不顾规则、强迫对方，这样的合作肯定以失败告终。

梦想是前行的方向，希望是前行的动力，目标是前行的引擎。心有梦想的人，总会激情澎湃、克服困难、努力拼搏；心有希望的人，总会信心百倍、积极进取、大胆创新；心有目标的人，总会挖掘潜能、下定决心、破浪前行。做人可以饿肚子，但不能没梦想，可以喝苦水，但不能没希望，可以走弯路，但不能没目标。

思路的基础是理论，思路的前提是实际，思路的落地靠实践，思路的升华是理论结合实际，从实践总结经验，将经验化为理论。可见，思路不能靠脑洞大开，不能靠凭空想象，不能靠瞎编乱造，而是先要进行有针对性的调研，采取具象化的措施。虽说思路决定出路，但没有实践与行动，再完美的思路也只是一场空想。

缺乏整体思路、思路不够清晰或思路变化无常，都会影响目标实现，都会导致事情半途而废。做任何事先要明确目标或目的，然后要拿出实施方案，不论是从目标倒推方案，还是从方案设定目标，起关键作用的是决策者的思路和执行者对思路的理解程度。思路决定出路，只有思路清晰、执行到位，才能保证目标实现。

每个人的一生中，都会遇到一些良机，如果你看不懂、看不透、怕风险、怕麻烦，那机会就会从你的手中滑走，从你的身边溜走，当你回头发现机会、追赶机会之时，机会已经与你无缘。做人也好，办企业也罢，务必珍惜机会，一旦拥有机会，必须让机会成为自己生活的基石、事业的平台、发展的云梯、未来的荣耀。

决策对错会影响成败，细节对错会影响成败，不论是大的发展方向，还是小的工作细节，一旦失策或失误，都会导致最终的失败。要想保证事业成功，不能马虎应对，不能潦草应付，不能听天由命，既要认真思考、深入调研、谨慎决策，又要积极工作、注重细节、及时完善。只有正确决策、把握细节，才能保证成功。

作为企业家，不管自身有多富，不论企业有多强，不管贡献有多大，不论是某行业的开创者还是鼻祖，只不过是当下社会一分子，是推动社会前行的部分力量，是新时代的弄潮儿，除此之外，别无特殊。如果自以为贡献大，了不起，或者自以为可以主宰世界，那么这样的企业家，不论他有多强大，肯定会以失败告终。

判断投资项目是否可行，不能靠经验推理，不能单听他人推荐，不能搞"隔壁有样"，更不能凭空设想，如果按"大概""也许""可能"来做决定，成功概率非常渺茫；判断投资项目是否可行，先要对项目相关的环境、资源、资本、人才、技术、市场做深入、详细的调研，若能够把握基本要素，才可以考虑投资。

一个人的强大，不如一个团队的强大；一个团队的强大，不如一个组织的强大；你想强大，必须融入团队，必须找到组织；团队的力量，可以让你显得强大，组织的力量，会让你更加强大；每个人都有寄托，当你找到可以寄托的团队，可以寄托的组织时，你要全身心地投入、全身心地融入，那么你自然会越来越强大。

员工没有对错之分，如果有错也是管理者的错，因为员工所有的错，都归结于管理者指导错误或是用错了人；员工没有内行与外行之分，如果说员工不专业，那就是管理者招错了人，或者是将员工用错了岗位。每个员工都有优点，都有专长，关键看管理者如何招人与用人，如何让专业人做专业事，如何杜绝滥竽充数。

一般员工的业绩可以量化体现，可以定人、定岗、定量、定指标、定目标，可以将人、岗、事、量、指标、目标与其工资、奖金、薪酬、提成相捆绑；管理人员的考核与薪酬，可以与其团队捆绑，取团队成员个人业绩的平均值，加上管理权重；对无法量化考核的管理者，特别是高管，最好将其前途与企业命运相捆绑。

"在其位谋其政，任其职尽其责。"这是基本道理，也是基本要求，不论是从政掌权的，还是做企业管理的，不论在国有企业，还是在民营企业，只要有任职，必须有职责，只要有权利，必须有担当。这样才能对得起国家、对得起组织、对得起下属、对得起老板。否则，不仅给本单位带来损失，还会给自身留下后患。

根据相关观察、思考与分析数据，一个专业员工的工作成果，足以超过三个以上不专业员工的工作量；一个认真工作且积极进取的员工，其工作效率远远超过那些工作被动、态度消极的员工。可见，如何聘任既专业又认真且更积极进取的员工，如何做到人、岗专业匹配，如何充分调动员工工作积极性，值得我们深思。

随着企业规模不断扩大，内部腐败的现象自然滋生，如果不及时控制、防止与杜绝，很可能导致企业亏损乃至倒闭。如何防止与杜绝腐败现象发生？关键要抓好廉洁建设与加强内控工作。具体工作如下：一要重视教育、明确制度、加强管理；二要明确规矩、加强审计、公开结果；三要措施强硬、依法办事、从严惩处。

老板与员工素质要对等，一等老板遇到一等员工，那是珠联璧合、锦上添花，必将成功；如果碰到二等员工，企业可以正常运营与发展；如果碰到三等员工，很难实现宏伟目标；如果碰到四等员工，企业运行压力较大，前途难卜；如果碰到五等员工，很难正常运营，基本没有前途；如果碰到六等员工，企业随时会出事倒闭。

员工可分六等，一等员工愿与企业的前途命运紧紧捆绑，主动贡献智慧与力量；二等员工旨在通过积极工作、献计献策得到重用、不断成长、获得收益；三等员工主张对等交换，拿多少工资做多少事，从不主动奉献；四等员工得过且过、撞钟混日；五等员工"人在曹营心在汉"；六等员工总想假公济私、中饱私囊。

企业老板分六等。一等老板为国担当使命，做大做强企业，实现人生价值；二等老板合法经营、依法纳税，在做强企业的同时为国家作贡献；三等老板稳扎稳打，很少关心与己无关的事；四等老板只重眼前利益，忽视应担的责任或义务；五等老板一旦暴富即会张扬，一旦赚钱就会扩张；六等老板歪门邪道、唯利是图。

二类企业遇到一等员工，企业必将蒸蒸日上；二类企业遇到二等员工，企业能够正常运行；二类企业遇到三等员工，企业压力逐渐加大；二类企业遇到四等员工，企业基本没有前途；二类企业遇到五等员工，企业可能随时遇险；二类企业遇到六等员工，企业马上倒闭破产。企业好差、有无前途，与员工素质直接相关。

员工能否积极认真工作，不仅关系到企业运营与发展，也关系到个人前途与命运；如果工作主动积极，不仅对得住这份薪酬，而且使自己能力得到提升；不仅为企业发展作贡献，而且能体现自身价值。如果工作消极被动，不仅对不住所得的薪酬，而且会荒废自己光阴；不仅对企业发展不利，而且使自己人生失去价值。

按管理学讲，做任何事情，不仅要关心过程，更要关注结果。如果结果不理想，过程做得再漂亮也没用；反过来讲，如果在过程中不及时发现问题、纠正问题、解决问题，那么结果肯定不圆满，只能为过错和过错的结果买单，面对既成事实，只能哑巴吃苦瓜。因此，管理要重视计划、执行、实施、完善和结果全过程。

在日常的管理、治理、监督或服务的过程中，很多人自以为水平高、能力强、权力大、有作为。他们主观性很强，未经深入调查研究，未经深度思考悟透，就轻易作出主观判断、主观论证或主观决策，导致其或滥用职权，或有意设槛，或拔苗助长，或胡作非为。多少年来，"有为"者屡见不鲜，如此乱为，不如不为。

从历史经典案例来看，无为之治比有为之治更有效，但是无为之治对治理者的综合素质要求很高：首先是治理者必须对客观现状、发展趋势和被治理对象的需求十分了解；其次是对道、对风俗、对民心、对规律、对哲学非常了解并能够灵活应用；再次是悟性高、研究深入，能以引导代强压、以疏理代严管、以服务代治理。

什么是无为？有人认为"无为就是没作为"，也有人认为"无为是顺道而为，不加人为主观性的行为"，哪种说法有道理？从哲学角度来看，无为不是不作为，而是相对人们主观作为而言，更尊重自然规律、成长规律、习惯规律和发展规律，不采取不必要的人为干扰、改变与施压，让无为能起到比人为更有效的作用。

"凡是工作必有目标，凡是目标必有计划，凡是计划必有执行，凡是执行必有检查，凡是检查必有结果，凡是结果必有责任，凡是责任必有奖罚。"做工作、设目标、订计划、抓执行、常检查、看结果、定责任、明奖罚，这是每个企业必备的管理方法，也是每位管理者必需的管理手段，更是每位员工必要的工作表现。

员工对本企业文化的认同度和对本企业的忠诚度，直接关系到企业的团队建设与团队执行力；员工认同度、忠诚度的高低，直接关系到企业的前途命运。因此，抓团队建设、抓团队执行力，应该从员工的认同度和忠诚度抓起，从平常的具体表现抓起，抓好日常每个环节，才能抓好团队建设，才能确保企业的健康发展。

办企业的、从政的人，很需要回头看，看看自己取得几分业绩、几分政绩，有几分失误、有几分自信、有几分失落，看看自己的路走得对不对、脚印深不深、精神是否悟透、战略是否正确、执行是否到位、任务有无完成，看看自己事有没有做对、话有没有讲错、人有没有交错、举止是否文明。常回头看看，才会进步。

解决问题不能只看表象、不能只顾自己、不能只顾岗位职责。任何问题，都有起因、过程与结果，你看到的往往是问题发生的结果，如果只针对问题的结果寻找解决办法，那就只能解决此事的现状，而无法阻止类似问题的再次发生；如果只考虑到自己的岗位职责或一味回避责任，那就会给单位或他人带来更大的损失。

　　老板与员工之间、管理者与被管理者之间，一定程度上属于对立面，如何变对立为统一？一是尽量换位思考，理解对方的实际困难；二是尽量考虑并满足对方的利益和需求；三是尽量作出退让，避免正面发生矛盾；四是尽量将矛盾转移到市场、竞争、创新和发展上面；五是尽量设定统一目标，让双方成为利益共同体。

　　马斯洛从人的需求层面来分析，将需求分为五个层面。如果将人的物质追求与精神追求相融合，可以看出人的多层境界。初级境界是为了生存和生活而努力挣钱；中级境界是为了获得地位、职权与名望而努力拼搏；高级境界是为了体现崇高精神、实现人生价值而奉献自我；最高境界是无我境界，愿为全人类付出一切。

　　执行力的强弱与执行者的能力、动力和公司的吸引力相关。执行者的能力来自综合素质和主观努力；执行者的动力来自物质奖励、精神鼓励和发展空间；公司的吸引力来自福利待遇、升迁机会和事业平台。如果缺乏能力、动力、吸引力，那将直接影响执行力；如果缺乏执行力，所有的发展战略、工作计划都将落空。

　　计划比战略更实在，实施比计划更要紧。仅有战略而没有具体计划，最好的战略也是空的，仅有计划而没有执行，最好的计划也是虚的。做任何事情，尤其是办企业，都应该有战略、有计划、有执行，否则，一切都是纸上谈兵。在执行过程中，不仅要看过程，更要看结果；不仅靠表现，更要看绩效。结果能证明一切。

时代在进步与发展中，慢慢形成产业集群、行业巨头和龙头企业，资源逐步向产业核心、行业巨头、龙头企业集结；今后的企业，将逐步分成整合类企业和被整合类企业，整合类企业逐步构成多层面集成体；被整合类企业逐步向关联核心企业靠拢，成为集团或联盟体成员，而不结盟的小微企业将很难独立生存与发展。

如果你想做平台企业或是想给企业做平台，请在做出决定之前，先进行全面准确的自我评估：有无利他的心态与格局？有无驾驭的能力与魄力？有无共享的意愿与理念？有无奉献的意识与精神？如果你能想得开、做得到，那就大胆地去投入、去践行；如果你做不到，那就不要去做平台企业或企业平台，否则后患无穷。

合作或业务能否成功，关键看能否"让对方舒服、让自己满足"。如果只考虑自己的好处而不顾及对方利益，那对方肯定不会同意；如果只满足对方需求而伤害自己的利益，那自己肯定不会答应。明白这个道理，才会真诚相待、友好洽谈；牢记这个规则，才能相互促进、保证成功。否则要么不欢而散，要么半途而废。

合作是必须的，以哪种方式合作，找哪些合作伙伴，需要慎重而定。主张强强联手，还是优势互补，采取上下游整合，还是跨界联盟，需要针对不同项目、不同内容而定。请人合作，还是接受邀请，主动发起，还是积极参与，也要根据实际情况、实际需求而定。合作促进发展，但合作模式和合同伙伴会关系事业成败。

合作过程中，先要考虑合作主体利益，再考虑相关方利益，然后考虑自身利益；如果主体利益不保障，就会失去利益共同体，合作自然无法持续；如果相关方的利益不保障，就不会有人与你合作，合作主体自然会解体。所以，合作是多方利益的共同体，是相关方合力构成的主体，只有共同维护，才能实现共同目标。

如何选择合作伙伴？有五点要注意：一是深度了解合作对象，只与可靠的企业、可信的人合作；二是规范合作流程与法律手续，用法律与公司制度来保障股东或团队的权利、义务与责任；三是要明确商业模式、战略目标、规章制度与操作规程；四是要有严格的考核机制和奖罚措施；五是要建立长效的共担、共赢机制。

谈合作犹如谈恋爱，双方需求是前提，双方认可是基础，双方互补是关键，双方融合是保障，双方共赢是目标。能不能谈成合作，在于认真对待、以诚相待、深度了解、明确意向、推进洽商、达成协议；如何保障长期合作，在于真诚维护、专班对接、相互礼让、坦诚交流、注重细节、平等相待、资源共享、实现共赢。

这是一个开放的社会、合作的社会，人们务必以开放的胸怀去面对、去包容、去接受。如果你排外对抗、不愿融入、自我隔离，那么，你只会被孤立、被排挤、被封闭。当然，开放或合作也是有界限、有底线、有高压线的，不论如何开放、如何合作，都不能超出范围、不能损人利己、不能违法违纪，务必要遵守约定。

生意是双方共同派生出来的意愿，就是说，双方都有意向、意愿，才能达成生意。虽然做生意的目的是获得利益或得到好处，但前提是你情我愿、互不勉强。如果想要把生意做长，必须首先让对方满意，其次让自己得利；如果对方不愿意，生意很难长久，即使对方顾于情面，或对方被套被骗，生意也顶多只能做一次。

有人认为，"满足追随者的物质需求，能让追随者卖力；满足追随者的精神需求，能使追随者卖命"。到底给予怎样的物质条件才能让追随者卖力？到底赋予怎样的精神动力才能让追随者卖命？这是经济课题，更是信仰课题，在人们追求物质精神多样化的年代，只有互惠共享、合作共赢的模式，才能挖掘追随者潜力。

真心是合作基础，坦诚是合作前提，互惠是合作保障，共赢是合作目标，不论是内部还是外部合作，首先要认可这个理念。因此，合作之前，合作双方要加强了解、坦诚交流，明确彼此的需求；合作过程中，须加强沟通、诚心相待，尽量满足对方的合理需求；当出现亏损或实现盈利时，既要彼此谅解，又要共享成果。

倡导内外多渠道合作，推动企业稳健发展。对内要推行"互惠共享"的团队模式，来引导员工树立我自己想干、为自己而干、为事业而奋斗的新理念，充分挖掘员工内在潜能；对外要建立"合作共赢"的发展模式，来构建牢固的合作伙伴关系和稳定的关联合作体系，用真心、诚信、友善的作风，赢得多方支持与关照。

是做企业，还是做平台，是给企业做平台，还是做平台企业？这是创业之前需要思考的问题，也是企业发展过程中需要面对的问题；企业做多大，平台就要搭多大，平台搭多大，企业就能做多大，平台大小与企业规模相匹配是创业的前提，也是发展的前提；企业能否做强做大，取决于创业者是否用平台思维来做企业。

不论是做平台企业，还是做企业平台，生存与发展主要靠规模，规模越大，其规模效应与边际效应也越好；但随着规模壮大，所对应的组织架构、管理团队与运营模式，也会越来越庞大、越来越复杂；由此可推，平台企业或企业平台快速壮大发展之后，都会面临如何驾驭、如何控制风险等问题，一旦失控，后患无穷。

平台企业的核心是平台，平台的竞争力决定企业的生存，平台的生命力决定企业的发展；平台企业在于整合资源，平台资源有多强大，企业就有多强大；企业平台的生存与发展，靠的是以产品为主导的综合竞争力，企业的综合竞争力有多强大，其企业平台就有多强大；由此可见，平台企业与企业平台，模式不同而核心相同。

做平台企业与做企业平台，是两个不同概念：想做平台企业，要在创业前构建平台思维、设计平台架构、明确合作对象、设定盈利模式，要通过平台核心竞争力来做大企业；而企业平台的核心是产品，要通过产品来构建市场、营销、研发、监管、服务和发展体系，先做强企业自身，再整合关联方，逐步做大企业平台。

什么叫科学？科学是指正确反映事物本质与规律的知识系统，对象是客观事物与客观规律，内容是科学本质与科学规律，形式是自然语言与人工语言。什么叫技术？技术是指解决问题的方法，是将现有事物变成新事物或改变现有事物功能、性能的方法。科学是科学，技术是技术，不可混为一谈，两者结合，才是科技。

按正常思维、正常规则来讲，做任何事都要考虑成本，做违背道德、诚信或法律的事都要承担责任。但是，对某些拥有特殊权力的人或缺乏道德底线的人来讲，成本几乎与他们无关，他们或许从来不考虑成本，由此导致社会公约失效。如何实现守信用、讲诚信？一要倡导诚信面前人人平等，二要依法严惩失信之徒。

守正创新：指既要恪守正道，也要敢于探索新的思想和发展方向。守正是创新的前提，创新是守正的延续，只有在守正之下搞创新，才能保证健康稳定发展。就是说，不守正道，创新必走歪路；不守正业，创新必出邪门；不守正事，创新必会乱来。当下，创新大有人在，守正很难做到，引导守正创新，将是当务之急。

在改革开放初期，"挖墙脚"是某些人创业与发财的捷径，靠"挖墙脚"起家的人的确不少，有一批靠"挖墙脚"起家的企业，就有一批因被"挖墙脚"而倒下的企业，可见"挖墙脚"是导致企业倒闭的祸根之一。至今，"挖墙脚"的事件仍有发生。如何防范？一靠制度约束，二靠过程防范，三靠依法严惩。

华侨"以人带人，以商引商"的经验足以证明一个道理，哪里生意好做，哪里能够发财，哪里有创业空间，哪里就会吸引大批商人或投资者；就是说，只要当地资源好、环境好、政策好、服务好、配套设施好，各地商人、投资者、企业家自然会慕名而来，慢慢形成以商带商、以商引商的氛围，自然会降低招商引资成本，提高招商引资效率。

"没有规矩，不成方圆"，企业如果没有规章制度肯定一团糟，即使有了规章制度，也不一定就有效；如果规章制度与企业现状和发展不匹配，或者规章制度执行不到位，同样一团糟；总之，企业没有规章制度肯定不行，但仅有规章制度也不一定行。可见，企业需要制定有效的规章制度，更需要将规章制度落到实处。

不论是做买卖还是做生意，不论是生产原料还是生活用品，千万不要片面追求便宜，而要寻求合理低价，因为便宜没好货，只有合理低价才能在保证质量的前提下控制成本；做任何事都需要逆向思维，用目标来倒推投入、用需求来倒逼成本，目标与需求高，投入与成本也高。因此，做任何事都需要从目标与需求着手。

乡村建设规划要从当地实际出发、因地制宜、量力而行、措施可行、注重长效；要坚持以红色引领、绿色先行、结合治理、融于产业、利于引才、便于运营；要依据地方特色、地理环境、产业结构、经济现状、乡土风俗、历史文化与百姓需求；要实行总体规划、分步实施、有序落实、及时修正、全面推进、协调发展。

不是领导对某些企业不重视，而是某些企业还未进入被重视的范围；不是领导对某些员工不重视，而是某些员工还没有发挥重要功能从而被重视。企业要想被重视，必须成为行业龙头、行业巨头、五百强企业，这样才会被发现；员工要想被重视，必须成为企业人才、业务骨干、第一梯队、优秀员工，这样才会被重视。

构成一个家庭的基础是人、钱、职业，构成一个经济组织的基础是人、钱、事业，构成一个城市的基础也是人、经济、产业，构成一个国家的基础同样是人、经济、产业。家庭、组织、城市乃至国家，都离不开人、经济、产业三大基础，如果离开三大基础，一切都将不在。不论你是谁、什么身份，都要思考三大基础。

做生意就是做人，品德好的生意人会用善良之心看待生意，用诚信之心保证质量，用真情之心做好服务，用平常之心看待利润；人品欠佳的生意人则恰恰相反，他们时时为了谋利，处处设计陷阱，事事损人利己，常常设套骗人。但从长期来看，生意人，凡是有良心、有诚心、有真心、有平常心的，生意都会越来越好。

形式是显性的、表象的、有形的，形式是用来表达内容、反映内容、显示内容的。按理说，形式是根据内容的需求来设置、来表达的，要将内容融于形式之中，使内容更容易被接受、被应用、被传播；但是，很多形式并没有真正表达内容，甚至与内容相违背，因此，不但要了解形式本质，更要倡导形式与内容相一致。

　　形式为内容服务，而有些形式本身就是内容，比如某些穿着、某些礼节、某些程序、某些会议、某些仪式活动等，其形式做到了，内容自然完成了，如果连形式都缺少、缺失了，那么内容就会变为无源之水、无基之筑。因此，我们要在追求实现内容的基础上重视形式，在形式的基础上，才能逐步植入内容、丰富内容。

　　理念相似，才能达到目标一致；需求互补，才有机会合作。从合作的角度来看，范围很广、项目很多、内容丰富、形式多样。但是，合作不是做生意，更不是一次性买卖，需要打造互惠的合作模式，实现共赢的合作目标。双方能不能合作，关键看理念的相似度，相似度越高，合作概率越高，相反，合作的可能性越小。

　　"火车跑得快，全靠车头带"的时代已经过去，现在已经跨入高铁时代，每节车厢都配有动力，必须做到同频、同向、同心，必须建立合力、共荣、共享的体系。未来的社会经济发展，更加注重关联协同、优势互补、资源共享、目标共赢。因此，不论做什么事，都要像高铁车厢一样，相互照应、凝心聚力、携手共进。

　　转型升级与升级转型有什么区别？有人认为是一样的，其实，两者有本质区别，转型升级是指先转型后升级，采取转型措施实现升级；而升级转型是先升级后转型，也就是，先通过自我的不断历练、不断创新，实现自我升级，逐渐达到转型的目标。从诸多案例来看，升级转型相对稳健安全，而转型升级风险相对较大。

在真心做公益的过程中，获得合法的收入、间接的回报、边际的效应，也是理所当然的；不论是专职公益人、业余公益人，还是随缘公益人，都需要生存、生活与发展，纯公益、纯支出、纯投入是应该的，但无法保证可持续；也许只有采取"投之以木桃，报之以琼瑶"的模式，才能保证公益事业有效推进与持续发展。

公益与商业是两类截然不同的运营模式，两者相互排斥，但公益又离不开商业的经济支持，如何将公益与商业融合？有的做公益事业，享受合法回报；有的借公益力量，扩大商业战果；有的用公益活动，带动商业成绩；有的建公益平台，提高企业或个人美誉度。各有其招、各有其效，但不论如何，公益性质不得改变。

传统的信息传递，需要传递双方在同一时间、同一空间正面交流，或以人及动物为媒介传递或传播，达到信息对称有效；现代的信息传播工具、方式、手段多样，一旦信息发布，总有对应的接收者；但是，信息在传递或传播过程中，由于受时间、空间不同频的影响，或因人际关系的不对应，容易造成信息失真或失效。

用做平台的思维做企业，要顾及所有关联方的感受、权责和利益，要将更多、更好、更优的权益回馈关联方，要用公平、公开、公正的姿态面对关联方，要通过诚信的表现、完善的制度、可靠的模式、可续的保障，来赢得关联方的认可、支持、帮助和追随，通过做强核心圈、做大关联圈，来推动企业与平台融合发展。

简单施工作业，造成安全隐患；简单应对投标，造成多种损失；简单腾笼换鸟，造成企业外逃；简单层层加码，造成怨声载道；简单加压任务，造成逆反情绪；简单行政措施，造成各类矛盾。总之，简单的事可以简单应对，复杂的事理应复杂思考，不论什么事，都不可以敷衍了事，否则，就可能制造更加复杂的问题。

创新是把双刃剑，既是促进企业发展的根本动力，又是导致企业夭折的无情杀手，所以说："不创新等死，乱创新找死。"面对这把双刃剑，不要轻言创新、不能任性创新、不搞盲目创新；而要学会自我把脉，对行业、市场、成本、技术、质量、人才、实力、风险和趋势等深入研究分析之后，再有针对性地推进创新。

创新是企业前行的根本动力，是企业可持续发展的有效保障，没有创新、不懂创新、不愿创新，企业就没有前途；因此，企业应当在产品、技术、流程、营销、服务、管理、模式和机制等方面不断创新；创新的前提是知道自身的不足、落后与差距，知道目标、方法与途径，知道成本、实力与风险，然后才能有的放矢。

在全面跨入新发展阶段、传递新发展理念、构建新发展格局之时，社会将有新变化，市场将有新需求，如果单靠传统的思维、传统的模式、传统的做法去应对，那么肯定跟不上新时代的步伐，肯定满足不了新发展需求，因此，不得不深入调研、认真思考，不得不沉着应对、调整战略，不得不着眼未来、开拓创新。

世界没有错，错就错在你对世界的认识程度不够深或有偏差；社会没有错，错就错在你对社会的认识程度不全面或有偏见。这是万物共生，有规律的世界，凡是认识表浅有偏差，或是行为与现实相悖，都会带来不利；这是人类进步、发展、讲规则的社会，知识浅薄、无知，或是思想滞后与时代脱节，都会造成后患。

创新是引领社会进步与经济发展的第一动力。科技是创新的根本支撑，如果没有科技支撑，创新会进入盲区，会迷失方向，会缺少工具；人才是创新的根本源泉，如果没有人才驱动，创新会成为空话、会沦为笑话、会变成谎话；政策是创新的根本保障，如果没有政策引领，创新会缺乏潜力，会缺少动力，会失去方向。

守正创新，守正是创新的基础，创新是守正的发展。如何守正？先要知正，知道事物本质的对错是非，才能纠其错、守其正、改其非、扬其是、驱其旧、创其新。创新是时代主旋律，是大众追求的目标，但是，在大众创新的队伍中，到底有多少人真正做到知原本、辨是非、弃糟粕、扬精华、创正新？值得怀疑与思考。

在开拓、创新、研发的过程中，要允许试错也包容犯错，但在按规定、按流程做事的过程中，就不允许试错也不包容犯错，这不是不给机会，而是犯错成本太高。因此，每个人在上岗工作之前，务必明白岗位职责、操作规程、办事流程和规章制度，如果因为不问、不学、不记、不小心犯错而造成损失，必须按规处罚。

如何走出模式创新之路？一要摸清同行的成功模式，了解其成功的要素与原因，既要对不同的成功案例进行比较，又要将成功案例与自己的企业进行比较，找出其中的共性与个性，并加以深度分析；二要了解同行的失败案例，找出失败的主要原因与问题，再通过与自己的企业进行比照，加以深度分析，避免重蹈覆辙。

发展篇

数字化改革的目标是实现数字赋能，让有效数字为社会服务、经济建设、综合治理、政府决策提供依据。怎样取得有效数字？搭建数字一体化平台，将各大系统打通与融合，改变数据烟囱、数据割裂等现状；将微脑遍布各个园区、社区、街道、乡村。通过多渠道数据采集、净化与分析，取得有效数据，实现数字赋能。

在数字化快速发展进程中，产业数字化、数字产业化逐步形成，大数据的作用越来越凸显，大数据分析与其结果，将是办事、判断、决策的依据。但是，大数据有其局限性，在数据来源不全、不准或虚假情况下，大数据结果自然不可靠。因此，大数据只是办事、判断、决策的依据之一，而不是唯一，更不能形成依赖。

现在的大数据，还达不到精细准确，大数据有误差，就会导致误判，如果相关人员简单地按照大数据的分析结果来执行，就很容易出错，长此以往，肯定会铸成大错。目前，大数据的分析结果，只能当作参考依据，还需要人工分析与判断，不能简单地拿来用，如果都由大数据说了算，那么还需要分析决策人员干什么。

数字化程度越高，人、事、钱就越透明，自律程度就越来越高，违规、违法、犯罪的可能性就越来越小；如果不明白这个道理，还想主动或被动地触底线、碰高压线，肯定会出事；当然，也许暂时表面上没事，但日积月累、后患无穷。支撑数字化的互联网、物联网越布越密，大数据、云计算越来越细，顺道才能平安。

未来社区是什么样的？简单来讲围绕"三化"（人本化、信息化、数字化），打造"九场景"（建筑场景、邻里场景、教育场景、健康场景、创业场景、交通场景、低碳场景、服务场景、治理场景）。如何充分体现"三化"，有效落实"九场景"？关键在于科学构建"三大空间"（物理空间、人文空间和虚拟空间）。

未来社区到底是怎样的？浙江省政府提出"三化、九场景"的基本概念。如何贯彻与理解文件精神？当下各种观点与理论复杂多样，因此给项目执行者带来困难。为此，我们编了《未来社区解决方案》，提出"建好物理空间，用好人文空间，联好虚拟空间"的具体做法，旨在让未来社区的"三化、九场景"落到实处。

未来社区四个层级：一是按照《浙江省未来社区建设试点工作方案》，以"三化"为价值导向、以"九场景"为主要内涵、以33项指标为基本要求打造未来社区；二是各地市以《方案》为准则，结合当地实际打造特色未来社区；三是新开发楼盘，根据楼盘实际植入相关元素场景；四是在老旧小区改造中植入具体场景。

城市大脑需要各个部门、各个行业的各大系统支撑，如果各个部门、各个行业的系统平台各自为政，城市大脑将无法采集各类数据，如果没有基本数据支撑，大脑将变成空脑；如果采集到的都是各大系统已"处理"过的数据，那数据则没有价值；如果大脑直接打通各大系统、采集所有数据，那城市大脑将变成垃圾筒。

数字经济、数字政府、数字社会、数字生态、数字治理、数字服务……证明我国已经跨入数字化发展新阶段。数字化的基础是数据，数字化的目标是数字赋能，数据的采集、监管、分析、净化与输出，靠智慧设备与手段。为了实现数字赋能，必须重视智慧城乡建设；为了确保数据源与信息源，必须重视基层智慧工程。

数字化的基础是信息化，从信息源头到数字化赋能的全过程，靠智慧化保障。就是说，信息如源头，数据如流水，通过互联网或传感器我们可以获取与采集各种信息，信息以数据的形式传递，通过对数据的储存、处理、净化、融合与分析，最终提取有效的数据，为经济、服务与治理提供决策依据，真正实现数字赋能。

省级搭平台，实现省、市、县一体化；市级建系统，实现市、县（区）、乡（镇、街道）一体化；县级建系统，实现县（区）、乡（镇、街道）、村（社区）、园区一体化。实现一省一平台，市、县一系统，乡（镇、街道）、村（社区）建微脑的目标。以逐级管理与融合、隔级监管与考核，实现五级数字一体化数据平台。

未来怎样发展？一看天时，要深入研究国家发展战略，深度了解国家目标定位，深度分析国家和社会需求；二看地利，要深入调研市场需求趋势，深度分析行业的发展前景，深度了解当地发展定位；三看人和，要深度剖析自身及团队的优势与缺点，找到天时、地利、人和的相融点，充分发挥自身优势，走好发展之路。

"发展才是硬道理"，这里讲的发展是全要素的发展，包括经济、文化、社会的发展，人自身综合素质的提升；发展是人类生存、生活、生产的根本要求，是人类主宰地球的根本要素。如果没有全要素的发展，人类将无法发展能力、作用和智慧，地球或将进入动物王国适者生存的局面，人类或将成为野兽口中的美食。

促进经济发展，推动社会进步，这是硬道理。事实可证：如果家里无米下锅，人快要饿死了，空谈美好未来，意义不大；如果企业发不出工资，员工闹翻天，此时讲道理、讲文化，作用不大；如果国家经济与综合实力衰弱，此时想求强国不要侵略，求也白求。不论是家庭、企业，还是地区、国家，有实力才有话语权。

经济发展推动社会进步，引领社会进步的核心是文化、精神与信仰；经济发展是生存、生活的保障，也是生产要素与生产目的；经济之上是文化，指导经济发展的是文化，引导经济可续性发展的是文化；文化之上是精神，保证文化正向且健康的是精神；精神之上是信仰，信仰与信念是引领社会进步与发展的根本动力。

物质（经济）与文化是什么关系？仅从生存的角度来看，获得物质全靠个人能力或人群合力，而从生活的角度来看，人不仅追求有吃、有穿、有住，还会追求吃得好、穿得好、住得好。对"好"的追求，渐变为人类共同文化，这不单靠个人能力或人群合力，更要靠先进的思维和超人的智慧，这就是文化对经济的作用。

社会体系，错综复杂，每个体系，各有作用；生态系统，环环相扣，生克有序，自然平衡；产业系统，上下相连，荣衰相关，需求平衡；人文系统，关系复杂，友敌融斥，组织平衡；信仰系统，植入人心，追随内心，身心平衡；自然生态，政治经济，人文信仰，构成社会；社会治理，综合兼顾，多面平衡，进步发展。

一路走来，有阳光明媚，也有乌云盖月，有风调雨顺，也有风雨交加，有顺利平安，也有坎坷不平；过去的日子，有美好，也有痛苦，有自豪，也有后悔，有成功，也有失败；岁月已往，乐也好、悔也罢，喜也好、烦也罢，对也好、错也罢，都是过眼云烟，早已随风而去。看未来，走好每一步，多点喜悦，少点忧伤。

生命有始必有终，寿命到底有多长，与先天基因相关，与后天自身注意安全、讲究养生、注重锻炼有关。事业有展必有收，事业到底做多久，与初衷定位相关，与过程自身不断创新、不断努力、不断完善相关。人的寿命与其事业关联，有多长的命，才能干多久的事，命没了，事也就终止了。为了事业，必须好好活着。

上古自然，天地人和，相依相融，群居生衍；中古制规，等级仁治，分工协作，和谐相处；古代立法，制行治心，三纲五常，遵法守德；社会发展，法纪逐善，制度逐严，循规蹈矩；环境多变，势不待人，随机应变，特事特定；程序合法，形式文明，内容切实，过程高效；客观辩证，智慧辨识，科学决策，开创未来。

　　大量信息，真假难辨，不可不信，不能轻信；表象是真，本质难说，缺少调研，容易被蒙；感觉是真，并非是真，理性思考，再下定论；熟人说真，不要全信，万一陷局，后悔莫及；洽商是真，并非就真，引诱上钩，常有发生；调研是真，并非全真，主观结论，容易害人；是真是假，必须调研，辩证分析，科学决策。

　　在传统与现代交融、当下与未来交融的今天，不论是传统广告方式，还是现代宣传途径，"未来"，这一非常熟悉的新名词，频繁出现在人们眼帘之中。未来是什么？未来有什么？答案众多，想象颇多，孰是孰非，一片茫然。时间无法穿越，只能靠领导、靠专家、靠企业家的智慧，去设想、去规划、去引领、去实施。

　　到底是时势造就英雄，还是英雄就造时势？从历史事件中来看都是，但都不完全是，主要看两者能否相辅相成。时势需要英雄，自然会造就英雄；英雄需要时势，同样会造就时势；时势与英雄之间，只要在时间上相衔接，在空间上相融合，在需求上相互补，就会相融相合，时势迫于打造英雄，英雄顺势引领造就时势。

　　先发优势，还是先发弱势？在不断创新、不断叠加、不断完善、不断升级的过程中，先发可能是优势；在推陈出新、改革蝶变、流程再造、推倒重来的环境下，先发可能是弱势。优势与弱势，不是绝对的，而是相对而言的，在创新、蝶变的时代，曾经的先发，可能会阻碍蝶变新生，不利于自我革命，影响跨越式发展。

格局往往与事业相匹配，有什么样的格局，就有什么样的事业，如果格局大而事业小，说明两点：一是格局不够大，二是事业还有发展空间。胸怀往往与平台相匹配，有什么样的胸怀，就有什么样的平台，如果胸怀大而平台小，说明两点：一是胸怀不够大，二是还有发展空间。格局和胸怀是事业和平台的基础与前提。

社会上有一批专吃"伙计肉"的人，他们表面装得很"真诚"，背后却会设计一套陷阱，不择手段地害伙计、损股东；碰到这样的合作伙伴，犹如感染了病毒。找合作伙伴，或对项目进行投资，不管对事还是对人，都要先做到心中有数，如果对其人品不能肯定的，或是没有控制权、否决权或监控权的，尽量不要合作。

危机、危机，危中有机。遇到危机之时，必须深入了解危在哪里，机又在哪里。能否危中求机、以机解危、转危为机？危机之时，方显本事，能从危中找机、化危为机者，才是真正的英雄和高人。危机、危机，机中带危，在创新、创业或发展的过程中，不论碰到什么机会，都要做风险评估，排除风险，才能平安前行。

新生事物总在社会变化与经济发展中派生，有人为的、有自然的，有发现的、有发明的，有意外的、有迭代的，有组织主导的、有社会自发的。新生事物无时不有、无处不在。也许你觉得某些新生事物与你的生活、工作、事业无关，便将其忽视，但当这些新生事物被大众普遍接受，而你却一无所知时，你将后悔莫及。

对任何新生事物的认识、了解、接受与适应，都需要一定的过程，这个过程也许很快、很短、很容易，也许很慢、很久、很艰难，也许你会因忙碌而忽略，因不适应而放弃，因不想懂而停滞。所有新生事物都有偶然性与必然性，一旦被大众所认可、接受与应用，就将变成一种生活方式，成为社会主流，引导社会发展。

安全是发展的前提，发展是安全的保障。只求安全而不谋发展，那将贫穷落后，只讲发展而忘了安全，那将生命不保，安全与发展相融相合、相辅相成。一定要在安全之下求发展、在发展之中保安全，国家如此，家庭如此，企业同样如此。只有安全警钟长鸣、不断努力创新，才能实现高质量发展，才能实现美好生活。

想要当一名合格的爱国企业家，首先要用最少的资源生产最优质的产品，满足最广大消费者的需求，创办一流的企业；其次要有爱国情怀，力所能及地为国家、为社会奉献自己的力量。创办企业难，创办一流企业更难，想成为一名爱国的一流企业家难上加难；作为民营企业主，不论企业办得如何，一定要持有爱国情怀。

新时代犹如高铁，站台就是新时代的平台，只有站准平台，才能与时俱进。如果没有提前候车、没有把握时间或上错了车次，就会跟不上时代步伐、被时代抛弃或与时代背道而驰。新时代这列列车，会给人们留足机会，只要把握时代车次、站对时代站台、随时准备上车，就能与时俱进，就能实现人生目标和人生价值。

　　顺其自然，是指人们要顺着事物的自然规律、顺着事态的自然变化，不要人为地改变、干扰与阻碍。此话听起来简单且有道理，但真正做到顺其自然并不容易。要想顺其自然，首先要了解自然属性、掌握自然规律，如果连自然是什么都不知道，那么怎样才能做到顺其自然呢？顺其自然不仅是一种态度，更是一门学问。

　　随着经济发展、社会进步与科技进步，产业之间或行业之间的界线越来越模糊，跨行、跨业或跨界之间的融合，将会变成常规的扩张模式与合作模式。谁能跨行扩张、跨业扩张、跨界扩张，谁就是引领者；谁能跨行、跨业、跨界引导合作、主宰合作、促成合作，谁就是未来领导者。引领当下是巨头，引导未来是先驱。

　　新发展时代日新月异，时时有新问题、新状况、新变化，时时有新理念、新要求、新规定，时时有新名词、新提法、新目标。如何紧跟时代步伐？如何学懂、弄通、吃透、记牢？是每位想进步、想发展、想创业的人必须面对与思考的问题。时代列车快速前行，如果赶不上列车，就会被淘汰，唯有努力，才能与时俱进。

　　未来到底会如何？未来到底往哪里走？很多人在迷茫，很多人在思考，很多人在盼望。虽然我们不知道未来世界会变成怎样、不知道未来会发生什么，但我们可以肯定的是未来中国要实现什么，未来中国往哪里走。因为，中国未来的目标与任务、总体布局和战略布局、新发展理念、城市更新、乡村振兴……已经非常明确。

未来乡村战略与定位：一是符合乡村振兴战略，执行"产业兴旺、生态宜居、乡风文明、治理有效、生活富裕"二十字方针。二是符合未来发展需求，具体打造"五化十场景"。五化即，人本化、生态化、数字化、产业化、系统化；十场景即，建筑、邻里、文化、教育、健康、生产、交通、低碳、智慧、治理等场景。

未来乡村规划是系统工程，实行五规合一，要环环相扣、长效协调、互相促进、齐头并进；要想做好规划，必须深入调研，了解当地历史、人文、民俗、风俗与习惯，摸清当地百姓的人口分布、受教育水平与需求，掌握当地环境、资源、特色与产业；五规合一，要有顶层设计、有组织保障、有大众参与、有运营先行。

为什么实行数字化改革？从其名词定义来讲，改革是指改变生产关系不适应生产力发展的那些问题，改变上层建筑不适应经济基础的那些矛盾。数字化改革就是改变在数字化建设、应用、开发或转型的过程中，因各自为政、各成系统、重复建设、互不关联等情况而导致的信息孤岛、数据割裂、数据烟囱等问题和矛盾。

智慧微脑应用场景非常广泛，可以是街道、乡镇、社区、园区、养老院、工厂、中央商务区、消防站、医院、学校、未来社区、未来乡村等各种场景；智慧微脑能打通所有的物联网底层硬件系统，可以打通所有软件系统，可以实行数据采集、融合、净化与分析，可以通过大数据与云计算，给城市大脑提供有效数据。

智慧微脑的功能与优势：一是完善的中台，将业务中台、数据中台、物联网中台等共融于一体；二是综合的后台，能与各大硬件系统与软件系统打通，实现多途径数据采集、应用、分析与输出，能与各大系统对接，实现数据融合；三是灵活的前台，包括可视化大屏、应用程序等，实现一机一脸一平台的多功能应用。

智慧微脑具备城市大脑功能，是浓缩版的城市大脑，但比城市大脑更完善。城市大脑具备监测、调度、指挥、应急等功能，也具备大数据采集、融合、净化、分析、储存等功能，但城市大脑一般不直接进行线下采集，不直接提供物联网应用。城市大脑偏重为服务、治理与决策提供各类数据，一般不直接提供相关服务。

在科技高度发达的当下，智能与智慧成了无法回避的名词，也是与人们生活、工作、社交、发展密切相关的特定名词，比如：智能家电、智慧家居、智能设备、智慧设施、智慧酒店、智能工厂等。这些名词有些叫智能，有些叫智慧，很容易把人们搞糊涂。智能与智慧到底有什么区别呢？如何才能分清两者之间的关系？

什么叫智能？什么叫智慧？应该从"智""能""慧"三个字的字义说起：智，是聪明、有谋略；能，是能力强、有本领；慧，是聪明、有才智。从字面来看，区别不是很大。组成词来看，智能，是指聪明有能力，是聪明与能力的融合；智慧，是指聪明有才智，是聪明与才智的叠加；可见，智慧比智能更显聪明和睿智。

　　智能化与智慧化有什么区别？智能化，是在传感器、互联网、物联网、大数据等设备设施的支撑下，实现对产品、工具、场景、环境、系统等进行智能控制和应用；智慧化，是在智能化的基础上，赋予其人工智能技术，对复杂的系统、环境、自然、人文等进行感知、记忆、理解、分析与判断，实现全过程的智慧运营。

　　数字化改革的目标是构建省、市、县（区）、乡（镇、街道）、村（社区）一体化智慧数据治理与服务平台。以智慧城市为主线，搭建省云脑、市县大脑，整合各大系统，打通多源端口，实现系统融合，汇集各类数据，对接应用场景，用综合、实时、有效的成果数据，给数字服务、数字治理、数字决策提供科学依据。

　　正确的自我评定，是人们进步与成功的基础，过高或过低的自我评估，都容易导致想错事、选错业、走错路，很容易带来风险、损失与危机。如何做出正确的自我评定？主要是对自己的专业、爱好、性格、实力、能力、肚量、人脉、处境等方面做出认真、全面、客观的分析与评定，然后确定奋斗目标、制定前行规划。

　　顺其自然，一方面指不要违背天道、人道的自然规律，另一方面指做人做事不要太勉强、不要太苛求。顺其自然是一种生活态度，也是自我安慰，但事实不止如此。如果都顺其自然，那么个人怎会进步、生产怎会发展、社会怎会前进、城乡怎么建设、市场哪来竞争、科技怎会进步？面对诸多事例，我等理当究其本质。

创意使生活更加多彩，创新使生活更有活力，创造使生活更有希望。将创意的奇思妙想，植入创新的丰富想象，开启创造的智慧大门，走出一条科技与生活、生产、生态、健康、教育、文化、体育、经济、社会、军事、交通、建设、治理、服务、金融、运营相结合的发展之路，让新时代光明大道更加宽广、更加美好。

"千里之行，始于足下。"不论未来有多美好，都要从做好当下开始；不论未来能赚多少钱，都要从设法赚第一桶金开始；不论未来能否成就事业，都要从当下努力工作开始；不论未来能把市场做多大，都要从眼前第一个项目做起。第一桶金、第一份职业、第一个项目，对每个人、每个企业来讲都很重要，有了一才有二。

没有一就没有二，做任何事、研发任何产品、拓展任何市场，都要从零开始，但从零到一很难！不仅需要敢于创新的能力和勇气，而且需要自我突破的精神与意志；尽管从零到一很难，但必须突破，必须立标，必须开拓，否则，无法证明你的能力与成果，无法走出新的发展之路。切记：有一的突破，才有未来的发展。

乡村振兴将是新一轮的蓝海，浩瀚的蓝海，看上去遍地黄金，但又觉得很难着手，原因是目标太乱、内容太杂、视野太阔，搞得自己千头万绪、无处着手。面对乡村振兴这一大市场，不要太贪，不能太散，不可太急，如果能够将自己的优势、资源、作为，与某个区域的乡村振兴的某项内容相结合，那么总有用武之地。

　　适者生存，这是公认的道理，这个道理告诉人们，不管你是谁、在什么地方、任什么职位、做什么事情，都要适应环境变化、适应团队文化、适应公司模式。就是说，谁能够适应，谁就能求得生存与发展，如果你不能适应，就会被淘汰或被边缘化。人是社会的一分子，适应社会、融入社会，是人生必然会面对的课题。

　　"两手都要抓，两手都要硬"，这是推动发展有效、科学的方法措施，也是解决矛盾有担当、有作为的精神品格。"两手抓"可以解决好发展过程中的问题；"两手硬"能够协调好发展过程中的矛盾。两难之时，应当拿出担当精神与有为品格，继续用"两手都要抓，两手都要硬"的办法、措施，克服困难、稳健发展。

　　从"实践是检验真理的唯一标准"的这个标准来看，所有的成绩都要经得起实践的检验，检验的办法、方式与手段很多，可能包括时间与空间，可能包括主观与客观，可能包括人为与意外，可能包括正面与负面。凡是经得起实践检验的，才是真实、可靠、有效的成绩、成果、成效、成功与成就，否则，就是人造浮云。

　　如何看清未来、确保发展？一要读懂国家发展战略，理解国家方针政策，领会领导讲话精神，贯彻会议和文件精神；二要了解当地战略、产业定位，了解整体环境、经济状况，了解市场趋势、行业趋势；三要深度自我剖析，正确自我评估，明确自我定位。然后对国家、地方及自身，进行综合分析，确定自身发展战略。

创业难、创新难，在守业中不断创新更难。事实告诫人们，要想持续发展，必须不懈努力，问题是如何不断努力、往哪个方向努力、努力的结果是什么？好多人带着疑问，站在三岔口上观望、思考、徘徊。其实，当你陷入困惑之时，不要急于前行，不能忙于发展，要在搞清、看懂、悟透未来的情况下，再进行决策。

企业的发展模式很多，可以说一企一模式，从表象来看，某些同行企业模式差不多，究其内在，却是千差万别。企业发展模式，取决于其要素的集聚，除人才、资金、资源、技术、市场、土地外，还有老板的胸怀、素质、能力和水平，企业的产品、品牌、定位与目标。内外部综合情况不同，就会产生不同的发展模式。

企业发展模式的形成，与该企业的各项核心要素相关，包括核心人物、核心团队、核心技术、核心客户、核心资源、核心人脉，这些核心要素，是保证企业正常运营的根本，也是形成企业发展模式的根本。所以，企业模式可学而不可仿，因为学得了其形而学不了其神，学得到其模式，但形不成与其模式相匹配的核心。

创办企业的要素是决定企业发展模式的基因，在要素叠加与升级的过程中，会产生企业发展的基因链，而企业转型会带来基因的蝶变。企业发展的模式，取决于共性基因与个性基因的融合，基因优化可能促进企业发展，基因变异可能影响企业发展。从诸多成功企业的案例来看，企业发展模式具有独特性与不可复制性。

在创新发展的过程中，如果不能对原有产品、企业、行业或产业做深度分析，如果不能对自己的优势与弱点做深度准确的评估，如果拿不能比较的、无关联的成功参照来作为自身发展的依据，那么这样的创新，等于自寻绝路。创新发展的前提是明晰本行、悟懂本我和看清未来，创新发展的原则是走适应自身发展之路。

"利旧"是过渡中的无奈之举，无法长期持续，就算"新三年，旧三年，缝缝补补又三年"，也是有期限的。消费可以拉动市场、拉动生产、推动发展，而"利旧"会减少消费、减少交易、减少复购率，长此以往，那些非生活必需品，很有可能在利旧中减产，特别是那些能修补、利用的产品，相关产业可能因此而关停。

"利旧"是节流的好方法，效果直接、明显，如：手机能不换的先用着，电器能用的继续用，衣服能穿的继续穿，房子能住的暂不装修、暂不换房……如果大家都选择"利旧"，会直接影响相关生产商、供应商的前途命运。在经济不景气时，需要"利旧"节流，但更需要思考开源，如果没有收入，节流不是长久之计。

不论是想做大平台，还是做大企业，首先要有利他精神，通过利他来赢得社会良好的口碑，来提高合作方的信任度与忠诚度，然后借势、造势、顺势做大平台、做强企业。做平台企业不要搞快速扩张，而要靠积沙成塔；做企业平台不能靠大发横财，而要靠积水成渊。通过时间的沉淀与数量的累积，逐步实现质的飞跃。

平台有多大，企业办多大，领导驾驭能力就需有多强；平台与企业的大小，与其领导班子的驾驭能力相匹配，一般是因大见大、因小显小，大小不匹配，肯定会出问题；如果领导无法把握平台发展方向、无法控制企业发展风险，这样的平台或企业做不长、走不远。可见，要想搭大平台、办大企业，先要自评驾驭能力。

有些事必须做而不要说，有些事必须说而不要急着做，有些事先做后说，有些事先说后做。不论做什么、说什么，都要明白这些道理，搞错了不行，搞乱了更不行，否则后患无穷。隐的事不要显，明的事不能藏，正能量的事多做多宣传，不宜公开的事做而不宣扬，让阳的更刚，让阴的更柔，悟透其道，才能推动进步。

如果瞎折腾、乱折腾，还不如不折腾，因为不折腾可能影响发展速度，而瞎折腾、乱折腾却会带来后患。因此，在还未搞清为何折腾、如何折腾之前，最好将时间、精力和财力，用于深入调研、思考问题、总结经验、观察变化、掌握本质、拿出方案、制定决策。要顺势而为、顺道而为、顺人心而为，要避免胡乱折腾。

老旧小区微改造资金全靠政府投资不可能、全靠住户出资很困难、全靠社会资本奉献做不到，怎么解决？建议政府引导、住户配合、企业参与。一是允许加层、拆建与收费；二是有条件的小区拆开小区围墙，腾出空间、建造立体车库；三是利用废弃场所、变废为宝。综合解决，方能吸引多方投入，促进微改快速落地。

老旧小区存在诸多不足，好多原住户搬出或年轻一代搬出，导致现有住户中老人居多、外来务工者居多，而很多老旧小区没有物业管理与服务，其中一些成了卫生的污点、消防的盲点、治理的空白点，给城市管理、文明卫生、消防安全带来诸多不便。因此，老旧小区微改造时，应特别注意将管理与服务纳入改造范畴。

老旧小区经过多年来不定期、不同内容的加装、增设与整改，加上住户的多次装修，不论是表面还是内部，不论是地面还是空中，很多地方出现"打架"的情况，特别是空中的各种线缆、地下的各类管道轻则互相干扰，重则埋下隐患，问题很大。因此，老旧小区改造必须整体考虑与解决，做到一次改造管好几十年。

老旧小区原住户中家家有老人，由于没安装电梯，三楼以上的老人面临下来上不去、上去下不来的尴尬，对原住户来讲，装电梯是个大事，但加装电梯会遇到两大难题：一是大多底层的住户会反对；二是除政府补贴外的资金如何分摊？加装电梯也是老旧小区改造的主要内容，如何加装电梯？需要配套政策与措施保障。

如果从解决消防安全问题入手改造老旧小区，就会牵连到停车、安防、门禁、用电、用气、管道等问题；如果要解决停车问题，就会牵连到建立体车库与调整空间布局等；如果增设安防设施，就要考虑人流、物流、车流、访客、周界等改造。"牵一发而动全身"，老旧小区改造就是这个道理，整体微改造是最佳办法。

老旧小区的消防安全如何保障？一是解决停车难的问题，恢复消防安全通道；二是增设消防设备设施，加装消防管道、消防栓、水龙带、智能烟雾报警器和灭火器；三是保障用电用气安全，更换老化电线，装智能电表、漏电保护器和天然气漏气报警器；四是拆除防盗罩，增设周界管理，配装访客门禁，加强物业管理。

老旧小区该怎样改造？这就像治病一样，要对症下药，不能搞一刀切，先做针对性调研，根据实际情况，从解决突出问题着手，推行整体微改造。相关调研与资料表明，老旧小区消防设备设施不完善、消防通道被占用、电线老化与用电超负荷、逃生窗户被拦死等问题非常突出，改造需要从保障消防安全着手。

老旧小区怎么整改？一贯做法是"头痛医头，脚痛医脚"，十多年来，老旧小区不断地装防盗罩、加装宽带、改电线电缆、装液化气管、搞立面改造、抓绿化环境、建健身苑、搞智能安防、改排污纳管、加装电梯、装消防设施、腾停车位等，这种不间断的、无休止的微改，不但改不完整，而且严重影响居民生活。

2000年前建成的老旧小区，受时代条件限制，大多以多层为主，几乎没装电梯，缺少消防设施，缺乏物业管理。历经多年使用与多次装修，消防安全隐患多，环境脏乱差，老人上下楼不便，楼顶墙体渗水，排水管老化，管线乱挂乱接，用电用气不规范，排污没纳管等问题非常突出，已经影响居民生活质量，亟须整改。

　　为什么某些地方的街道天天在修修补补、整整改改？主要原因有三：一是缺乏长期、整体的规划，导致经常性的城市规划调整与修编，自然带来路道整改与修建；二是工程质量不达标，未等工程建设完工，又开始不断地修修补补；三是管理部门对城市市容市貌提出新要求，由此带来新的工程建设，导致道路不断翻新。

　　打造未来社区三大空间。一是物理空间，打造活动、生活、运动、交流、创业、养老、医疗、教育、生态、安全、保障和文化空间；二是人文空间，吸引居民主动参与邻里、交流、创业、社交、公益、文化、教育和创意活动；三是虚拟空间，打造以互联网、物联网、云计算、大数据为基础的智慧社区管理服务平台。

　　智慧生活、智慧监管、智慧服务、智慧治理等智慧化项目已成为社会热点，老旧小区改造、园区（社区）升级、新园区（新楼盘）开发、未来社区建设，必须植入智慧板块。智慧园区（社区）改造、升级与打造，已成为新基建要素。新世纪发展集团研发的智慧园区综合管理服务系统，已在多个园区（社区）应用实践。

　　未来社区到底怎样建？九大场景如何落地？概念与现实如何相融？很多人在研究、探索与实践，由于缺乏标准、缺少具体实施方案，其结果很可能千姿百态。温州市未来城市发展促进会，根据浙江省推进未来社区建设的相关政策和指导意见，深入研究，编写了《未来社区解决方案》，愿为未来社区建设贡献薄力。

随着"休闲农业与乡村旅游"快速发展，休闲观光农庄、乡村景区、民宿、农家乐等农旅项目越来越多，除了受疫情影响之外，也遇到宣传推广难的问题，靠大平台推广成本太高，靠自己推广流量不足，靠口碑传递圈子太少，因此，大家亟需一个多端口引流、多平台集聚、流量共用、客源共享的"自定义专属平台"。

思 维 篇

　　思维是思考问题的维度，从主观上分析，维度的高低、纵横、弯直、大小、深浅、方圆、强弱、明暗、平曲、静动、交叉或平整等，与一个人的阶层、领域、身份、职业、专业、爱好相关，与一个人的文化、知识、能力、水平、见识、阅历相关，与一个人的品德、心胸、欲望、心态、精神、信仰相关。本我决定思维。

　　思维是指思考的维度，主要指思维的高度、深度、宽度与厚度，高度在于人的层次，深度在于人的知识，宽度在人的见识，厚度在于人的智慧；思维包括一维、两维、三维和多维的空间与层面；思维与人自身的层次、高度、阅历、知识、见识及智慧相关。可见，思维模式有独到之处的人，自身一定有与众不同的素养。

　　思维本身没有对错，但应用过程中会出现对错，应用结果会证明对错，这些过程或结果的对错，不是思维本身的问题，而是取决于思考者、决策者、应用者的认知、意识、判断、能力和水平。拥有什么样的思维，扮演什么样的角色，思维与角色相匹配的，肯定是对的，否则肯定是错的。如何相匹配？关键看自我定位。

　　如果按"理念决定思维，思维决定行为，行为决定结果"的逻辑来推理，理念决定最终成败；拥有或产生什么样的理念，当这种理念主宰人的思维，思维又引发行为后，理念将会变为有形、有质、有量的，可见、可阅、可执行的，具体的行为、语言、制度、计划或措施；最终的事实或结果，足以倒推其理念是否正确。

导向性思维，是引领人们前行与成功的关键，引导、给予或产生某种导向思维，就会引发与导向思维相一致的某种结果。如果以问题为导向，就会深入发现问题、研究问题和解决问题；如果以目标为导向，就要围绕目标，制订计划、采取措施、狠抓落实；如果以需求为导向，就要了解需求、研究需求，努力满足需求。

任何人做任何事，都有其理念或思维在支撑，而被世人所看到的，仅仅是他的做法、行为和结果；如果从"思维决定行为"来看，看得到的行为或结果，恰恰印证了他的思维，再往深层次倒推，也可见其最初的理念；因此，人们不应该只对其行为、做法或结果评头论足，更要思考他是什么样的人，为什么成功或失败。

应用不同思维模式，产生不同的观点、意见、理由或决策，虽然说思维模式来自主观意识，但选择思维模式的主要依据是客观事实，就是说有什么样的环境、条件、处境、现状、人脉、角色、需求、任务、指标和目标，就会产生与客观事实相对应的思维模式，事实证明：只有主客观相融的思维模式，才是有效思维模式。

惯性思维适应于相对稳定、规范和平常的事情，适应于按规定、按规矩、按规程办事，适应于量变、渐进、叠加性工作，但不适应于突变环境、突发事件和突破自我；逆向思维适应于开拓场景、应急事件或创新环境，但不适应于标准化、规范化、流程化、制度化工作。到底用哪种思维，理当因事、因人或因环境而定。

　　思维决定行为。如果用打工的思维去做事，那就不可能积极奉献；如果用配角的思维做工作，那就不可能敢于担当；如果用交易的思维交朋友，那就不可能成为知己；如果用投机的思维谈合作，那就不可能彼此共赢；如果用奉承的思维求信任，那就不可能追随到底。总之，持有什么样的思维，就会表现相对应的行为。

　　人的思维与他的知识、阅历、环境、实践、志向、智慧相关，也与他的心灵、理念、品德、作风、精神相关；一个人的思维强弱、高低、好差、对错、是非、主动或被动，天差地别；从思维主宰行为的角度来看，在不同的思维主导或影响下，其行为完全不同，前途命运也完全不同；要想把握命运，先从把握思维着手。

　　针对同一时间、同一空间或同一事件，惯性思维与逆向思维相对立，一旦确定或倡导某种思维，就意味着这种思维占主导或决定地位，相对立的思维将被排斥否定；但从对立统一角度分析，即使同一空间、同一时间、同一事件，就算倡导某种思维，也并不否定相对立的思维。如果主次相融、相辅相成，也许更加有效。

　　当你身无分文之时，钱就是命；当你为生活奔波之时，钱就是生活；当你创业之时，钱就是资本；当你成为富人之后，钱只是数字；当人生结束之时，钱就是废纸。钱还是那个钱，它的价值到底如何？均由需求与奉献所决定，当你不再追求钱财之时，钱就失去价值；当你用钱解决社会需求之时，钱又会产生新的价值。

世界万物都是资源，资源能否发挥作用，关键看能否放对位置，资源放错位置变成废物，废物放对位置成了资源。到底是资源还是废物？不要问它是什么东西，主要看它有无价值，宝石有宝石的价值，粮食有粮食的价值，垃圾有垃圾的价值，只要放对位置、解决他人需要、发挥应有功效、体现本能价值，这就是资源。

《资治通鉴》客观地记述了苏秦、张仪倡导下的合纵连横等战略与战略实施的成败，而没有附加主观性评论，司马光负责地记载历史，值得敬仰。但是，有不少文人墨客为了本阶级利益，用自己的三观，对古人作出非客观、非理性的评论，实在不应该。历史人物，无须问英雄出处，而要看他对社会、对国家有无贡献。

如果用反推法来证明，一个人的初心与出发点如何，关键看其过程与结果，如果过程中行为是正道的，其结果对国家、对人民有贡献，那么值得敬仰，反之，令人鄙视；张仪与苏秦的成就，恰可有力证明，尽管他俩出身于败落或低微家庭，他们膜拜鬼谷子为师、苦学治国之道、为天下百姓作贡献，应当值得后人敬仰。

张仪与苏秦是战国时期两大名相，历史上对他们的评价分两大阵营。有人认为他们为了追求个人荣华富贵而努力，也有人认为他们为了天下百姓幸福而拼搏；前者证明他们属自私自利的小人，后者证明他们是品德高尚的伟人。同样是张仪、苏秦，为何有截然不同的评价，这些不关自身是非，而是后人主观评论的结果。

四十年前希望有辆自行车，三十年前希望有辆摩托车，二十年前希望有辆轿车，十年前希望有辆高档轿车……如今突然发现，走路比骑自行车好，骑自行车比开车好，开车比坐车好。其实，人生不要比富有，而要比健康，能够健康长寿，做人才有意思；人生不要比享受，而要比奉献，获得社会的认可，做人才有意义。

利益决定关系，这是不争的事实，古今中外，不论是国家之间还是民族之间，不论是集体之间还是人与人之间，无数案例足以证明。追求自身利益、集体利益、民族利益或国家利益，是每个人的天性和本能，也是每个公民的职责所在，不可能改变和逆转。面对客观事实，最好办法是扩大利益共同体、追求命运共同体。

人与人之间常常因为利益问题导致关系变化，当彼此利益相悖之时，朋友甚至亲人的关系很可能发生变化；而当彼此利益一致之时，即使相关方相互不认识或者有矛盾，也有可能成为利益共同体。决定人与人之间关系的，除了血缘、姻缘、情缘之外，关键要素是利益，正确认识与把握利益关系，有利于维护人际关系。

在前行的过程中，既要不断历练能力、提升水平，又要给自己的能力和水平留足展示与上升空间，未到关键时刻，千万不能"全盘托出"，以免落得"黔驴技穷"；时代快速发展、环境不断变化，如果没有及时充电与充分准备，随时会被淘汰；如果不能储备能量与留足空间，肯定会落后。与时俱进，才是真正的英雄。

人的价值取决于自身的作用，也就是说，你有作用，就有价值，你有大作用，就有高价值。你对某个人有作用，他会认为你有价值；你对组织有作用，组织认为你有价值；你对社会有作用，社会认为你有价值。人的作用在于自身能力、水平与奉献；人的价值在于发挥作用后能够被认可。想要有价值，前提是要有作用。

很多人喜欢古董，但对古董的喜欢分三等六样，一等喜欢是真心喜欢古董，只想考古与研究，而不问价值与价格；二等喜欢是认可古董的收藏价值，认为未来有升值空间；三等喜欢是喜欢古董值钱，可以通过交易实现更高收益。对古董的认识，更加多样、更加复杂，有好玩、好看、好收藏、好变钱、好升值、好扬名。

人要想进步很累，退步以后想进步更累，主动的、努力拼搏的累，是为了向前、向上、向正能量的累，是为了追求今后平安、富裕、幸福与美好的累；被动的、被淘汰的累，是无为、无奈、无助的累，是人生没出息、没奔头、没希望、没意义的累。人生正反都是累，但累的意义不同。该如何选择？关键看价值与意义。

有是有，无是无，两者不可混淆。有，指存在的、得到的、可见可触的；无，指不存在的、没有的、空的。但从相对或辩证的角度来看，有即无，无即有，比如：位子有人坐了，你就没机会了；肚子饱了，就不想吃了；已经都拥有了，上进心就减弱了；如果两手空空，必然努力拼搏。有是有还是无？要看角色与角度。

又想又怕的事很多，普通人有这种情况，名人有这种情况，领导也有这种情况。如果想那些不敢想的事、想做某些不敢做的事，那就干脆不去想，因为想也白想，想多了反而会出问题；如果属于创业创新而怕承担风险、为民办实事办好事而怕影响职位的，那就敢想敢为、大胆前行，能够体现人生价值，有何可怕！

从动物属性来讲，几乎人人都对权色有兴趣；从社会属性来看，几乎人人都对名利有追求。一个人不论对什么样的目标有兴趣或有追求，他心中想实现目标的愿望与欲望，就是一种潜在的动力，这种动力能让人在前行的过程中充满自信与希望，不管目标能否实现，过程中的持续努力与不懈拼搏，足以证明其人生价值。

文化是团体或族群共同认可、共同打造、共同维护并共同遵循的元素符号，一旦被认可并形成之后，人们必须承认、必须融入、必须推崇；原始人类如此，现代文明如此，企业如此，组织如此；从形成的源代码来看，文化不是凭空的，不是表面现象，更不是讲在嘴上、画在纸上、挂在墙上的，而是融于心、化为行的。

当人类社会的文化和文化体系形成之后，文化起到的引领作用、指导作用、推动作用、规范作用和驱动作用，远远大于人类靠本能改造自然的能力；文化不仅激发人类潜能、指导前行方向，而且规范人类行为、注入精神动力，使人类抱有希望、向往未来；当文化上升到精神、信仰的高度时，人类才能求得全面的发展。

文化是推动人类文明的根本动力，文化让人类变得文明、变得聪明、变得智慧。文化是人类进步、社会发展的基石，当文化与文明结合，人类就会变得更有知识、更有素质、更自信；当文化与知识结合，创新创造、技术进步、科学发展的速度就会加快；当文化与科学结合，人类就会更遵循自然规律，保证可持续发展。

当你长大成人之后，应当懂得独立生存和生活，绝不能活在他人的影子之下，更不能成为他人的附庸，否则，一生白活；当你春风得意之时，绝不能因被抬举而飘飘然；当你失败之时，绝不能因受打压而泄气；作为独立的个体，应当自我成长、自我发展、独立生存、独立生活；其他一切，只是身外物，淡定面对即可。

大学生毕业后，如何择业与发展？一是借助家庭主业或人脉资源，站在巨人的肩膀上来打开自己的职业平台；二是走自身专业特长发展之路，发挥自身特长优势，选择最佳职业；三是根据自己的爱好寻找发展之路，爱好是最好的老师，也是最大的潜能支撑；四是继续读研、读博，通过深造夯实基础，为择业打好基础。

自夸自吹的话，等于白说；当面的好话，并非真话；背后的美言，才算是真言。在位时的捧场喝彩，只是逢场作戏；有求于你时的低头哈腰，都是虚情假意；退场后的关照，才是真正的友情。在世时的赞誉，算不上真正荣光，作古后的评价，才是真正"盖棺定论"。可见，人生不仅为活着时负责，还要为千古买单。

　　"有得必有失"的现象普遍存在，虽然谈不上是规律，但几乎没有几个人能回避。从人的一生来看，得多失少，越来越好，反之，越来越糟。得与失之间，内涵非常复杂，有得财失财，有得财失德，有得财失位，有得财失命，有得名失财，有得位失财，等等，无所不有。如何面对得失？一靠自我权衡，二靠本人心智。

　　"有即无，无即有"，这不仅是佛学问题，也是哲学问题。很多人认为有即有，无即无，为什么说"有即无，无即有"呢？境界不同，认识不同，思维也不同，如果没有到一定层次，那就不可能认识到有与无、色与空、是与非的本质。这个世界，有很多不可知、不能知、不会知的事实，只有提升境界，才会知晓本质。

　　思路决定出路？很难说！如果思路很清晰，但不去实施、没人执行，思路将成为空中楼阁，不可能有出路；思路是出路的前提，但在思路与出路之间，还需要很多元素、条件与付出来支撑，单凭思路还是不够的；如何将思路变为出路，比仅仅提出思路更重要。因此，新思路提出之后，务必想方设法将新思路落实到位。

　　马的优点是吃苦耐劳、任劳任怨、日行八百、夜行一千，马的缺点是自以为是、马首是瞻、天马行空、独来独往；云的优点是可以云集、可以下雨、可以遮阳、可以添彩，云的缺点是太轻飘、太随意、太自以为是。马也好，云也罢，都有明显的优点与缺点，如果能扬其优而避其短，一切皆安；反之，则一切皆有后患。

人的思维常常因年龄、环境、生活、工作、事件等变化而变化，大多思维变化显在人的脸上，反映在行为与语言中；思维变化具有多样性，有渐变的，也有突变的，有正常的，也有非正常的，有变好的，也有变坏的；当你发现人们思维发生变化时，要理解，更要谅解。人的思维都在变化之中，所有变化都有其道理。

遇事不要慌，慌会出差错，一旦出了错，小事会变大事；有病不要急，病急乱投医，一旦用错药，小病变大病。如何做到处事不慌、犯病不急？关键靠自己平时多学点知识、多了解些实情，只有这样，才能做到自我分析、自我评估、心中有数、有序应对，才能认真、沉着、理性地面对正在发生或未来将会发生的一切。

要想自己的观点被认可，并不容易。不仅需要鲜明的观点、伶俐的口才，还需要学问的支撑与威望的保障；观点不可随大流，也不可太另类，要既能体现个性，又能引起共鸣；被认可是共鸣的结果，被赞赏是个性的表现；要想观点鲜明、善于表达、赢得认可，不仅需要知识渊博，而且要不断思考，更需要睿智过人。

要想保一生平安，一要有防范风险意识，二要有抗击风险能力，两者都要有，缺一不可；如果只有防范风险意识，而没有抗击风险能力，那么只能过着平庸平淡的人生；如果只有抗击风险能力，而缺少防范风险意识，那么迟早会出大事。人的一生，有很多不可预料的事情会发生，为了平安与健康，尽量做到未雨绸缪。

人的底气往往来自他的成绩与成功，一旦取得了成绩与成功，内心常常充满自信与喜悦，这种自信与喜悦容易显露于脸上、表现在行为上。在拼理念、拼知识、拼技术、拼人才、拼成果、拼智慧的年代，如果跨入一条新赛道，或者开辟一条新赛道，就容易获得成绩与成功。若能理性思考、淡泊明志，或可保一生平安。

"士别三日，当刮目相看"，在瞬息万变的数字化时代里，如果用老目光去看人，用老思维去看事物，用旧观念去应对变化，那你肯定落后了。人生活在当下社会，要跟得上时代步伐，要看得懂时代变化，要适应新生事物。面对还不知道、并不了解的某些人与事，千万不要轻易决断、轻易否定，因为也许是你落后了。

人的生命有三层：一是肉体层面的生命，二是政治层面的生命，三是精神层面的生命。肉体生命是有限的，也是脆弱的，一旦遇到事故或病症，很有可能折损；政治生命全靠党政、社会赋予或认可，它受肉体变化、时代变化和环境变化所影响；精神生命既附于肉体和政治生命而存在，又能脱离肉体和政治生命而长存。

看到同行不断创新、弯道超车、快速发展之时，不要怀疑别人，而要自我反思，不要忌妒别人，而要自我完善。看到同事进步发达、不断升迁、名利双收之时，不要低估别人，而要检查自我，不要议论别人，而要做好自己。世界在变，人也在变，变好变坏是人品问题，变慢变快是能力问题，我等扪心自问，变得如何？

被人当逗乐对象，或者您能逗人乐，都能体现价值，被逗乐或逗人乐，都会给别人带来快乐，都会活跃气氛。从某段时间、某个场合来看，逗乐与被逗乐的人，都是贡献者；被逗乐，说明您有气度，逗人乐，证明您有智慧；人的一生，由无数个时间片段构成，如果每个片段都在被逗乐或逗人乐中度过，那叫快乐人生。

主动作为并非都是好事，因为"无为而治"也是一种境界；被动应对并非都是坏事，因为"以静制动"也是有效措施。决策与执行的有效性，与主动或被动无关，而与能否真正认识事物本质、掌握矛盾变化有关；主动或被动，不可一概而论，要因人而异、因事而议。该主动作为时必须主动，无须主动作为时切勿盲动。

到底是主动作为？还是被动应付？可以在时间上验证，可以从空间上查证，也可以从事实结果上找痕迹，而没必要自圆其说。任何人做任何事，都要搞清楚目的是什么、目标是什么，如果盲目地去主动作为，那就是瞎折腾，如果对事物的主要矛盾或矛盾的主要方面不了解，主动作为还不如不作为，否则只会带来后患。

辛苦是辛苦，痛苦是痛苦，这是两种完全不同的性质和概念。辛苦可以主动选择，可以有意回避，可能被迫应付，也可能无奈接受；而痛苦几乎是被动接受、无奈应对和被迫受束。痛苦除因意外事件、事故、变故等不以主观意识的改变而发生的之外，某些人为性、累积性、结局性的痛苦，是因为不愿辛苦而引发的恶果。

工作是为了生活，生活需要工作；工作为了好好生活，好好生活需要好好工作。这是工作与生活之间深一层的关系：不仅为了活着，而是为了好好活着。但是，不少人并没有将好好活着与好好工作挂钩，只追求好好生活，而在工作过程中并不是很认真，并没有好好做事，更没有全身心投入。如果工作与生活失衡，美好生活也可能成为泡影。

孙子兵法：上兵伐谋，其次伐交，其次伐兵，其下攻城。以谋取胜，方为上策，谋策靠智，智睿必胜；伐交之策，在于实力，实力之强，伐交有效，实力之弱，伐交无用；无奈之时，只得伐兵，伐兵之举，全凭军力，被欺太甚，逼吾伐兵；一旦伐兵，立体布攻，全线设防，瞄准焦点，雷电出击，锁定巢穴，消灭敌人。

从生到长，从小到大，从幼到老，从老到终；从爬到走，从走到跑，从跑到走，从走到撑；不懂到懂，懂到不懂，不知到知，知到不知；从无到有，从少到多，从多到少，从少到无；从下往上，从低往高，从上回下，从高回平；一日一轮，一月一轮，一年一轮，一生一轮；可曰规律，可曰天道，知其自然，善待人生。

不善于全面思考、多方兼顾的人，不是可追随的领导者；不懂得协调关系、整合资源的人，不是有前途的管理者；不知道独立思考、把握机会的人，不是可信任的追随者；不愿意承担风险、承担责任的人，不是干事业的创业者。你是什么人、在什么岗、干什么事、有无前途，都与你的觉悟、思维、能力及责任心相关。

好事非好事，坏事非坏事，关键看你如何看待正在发生的事。从表象看，还是从本质看？从当下看，还是从发展看？从正面看，还是从反面看？从静态看，还是从变化看？不同层面、不同角度、不同时间、不同方向或不同观点，去看同一个问题，其答案完全不同；事事在变，世事难料，结果如何，历史会有正确定论。

努力有努力的命，混混有混混的命；勤劳有勤劳的命，懒惰有懒惰的命；愚蠢有愚蠢的命，智慧有智慧的命；成功有成功的命，失败有失败的命。人生命运，三分归于天，七分归自我。凡是混混、懒惰、愚蠢的人，总会将失败的原因归结于上天；凡是努力、勤劳、智慧的人，都会感恩于上天馈赠的一切。起念即答案。

每个人有自己的成长、生存、生活、生产、社交空间，由于受不同空间的社会、政治、经济、气候等环境影响，每个人的人生经历、所学的知识、思维的方式都不一样，形成了不一样的个人或社会群体，因此需要统一的规则、法律、制度、文化去规范每个人的行为，用共性来引导或约束个性，构成相对统一的共同体。

路走弯了，可以走回来，心想歪了，很难纠过来。心灵主宰意识，意识主导行为，行为决定过程，过程影响结果；就是说，如果一个人心灵出了问题，会直接影响人生结果。对一般人来讲，心灵出点问题，一生没出息；对水平高、能力强的人来讲，心灵出了问题，后果很严重，不但会身败名裂，而且会阻碍社会进步。

　　长短与尺度相关，是非与角度相关，黑白与亮度相关，冷热与温度相关、大小与重度相关……其实，从客观来讲，长短、是非、黑白、冷热、大小，都与标准相关，标准的核心是度，度的变化在于量，但是，所有标准、度和量都是人定的，因此，对很多事物的评判，不取决于客观事实的本质，而取决于人的主观意识。

　　一则小故事：一农户养了几只公鸡，白天会啼，晚上不报更。农户疑问：邻居公鸡都会报更，而我家公鸡为何不叫？是否家里出鬼？于是请来道士，道士观其家鸡舍后，曰："头上三尺有神灵，鸡舍三尺高，才会打鸣报更。"农户当天照办，当晚三更公鸡打鸣，农户称道士太神了。其实并非道士神通，而是鸡舍太矮。

　　"鸡舍太矮"的现象，有客观原因，也有人为原因，在过矮的鸡舍空间里，公鸡根本没法伸直脖子，何谈完成报更的工作任务？鸡舍的主人不但没有深入调研，没有针对性地解决提升鸡舍高度的问题，反而开始疑神疑鬼，这样的主人实在是叫公鸡为难。鸡舍太矮，公鸡蒙冤，提升鸡舍空间，才能展示公鸡高歌的丰采。

明 理 篇

　　都说"真人面前不说假话"，但是在社会复杂、人际复杂、不知真假、不分是非的情况下，最好的办法是有十分本事只露七分要留三分，以防恶人与奸人；如果轻易漏底，很可能被人看穿本质、揭穿老底；如果有人故意试探，很可能使你黔驴技穷、无计可施。人不能奸刁、不能害人，但也不能太老实，否则肯定吃亏。

　　不融入社会不行，融入社会太深也不行，这叫人生两难，其实人生何止两难。俗话说"捣也难，磨也难，讨饭赶狗难"，唐僧取经也有八十一个劫难。不论是困难，还是劫难，自古以来，没有谁的一生从无坎坷，面对各种困难，如果不去克服，困难就会变成灾难，正因如此，人生没有退路，只有迎难而上、努力奋斗。

　　做好自己，别人才会看得起你；做好事业，别人才会高看你；只有你人好事业好，别人才会尊重你、佩服你。这叫人的本性，也叫社会属性。因此，没必要奉承他人、祈求他人，只要自己有名气、有作为、有成就，别人自然会抬举你、靠近你、追随你；牢记这些道理，自然没了怨气，少了脾气，多了和气，长了志气。

　　宇宙恒在，天地不言，日月轮回，乾坤依旧；无名为道，善始善终，有名为法，道法自然；阴阳互变，万物轮回，四季替换，规律复返；人类记时，得名时间，人类占地，得名空间；观乎天文，以察时变，观乎人文，以成文明；有道有法，遵循天地，有规有范，构成社会；天合生息，珍惜生命，天怒生灭，守护生态。

"生是生，死是死，生是死，死是生"的说法如何解释？这里的"生"是指一个人曾经生存过，曾经的日子不再重来，逝去的光阴犹如"死"去；反过来说，逝去的日子，正是已经生存的日子，犹如"死"即是曾经的"生"；同样，未来生存的日子，也就是走向死亡的日子。明白生死关系，才会珍爱生命、珍惜未来。

天道悠悠，无源无极，宇宙幽幽，无边无际；地道悠悠，无始无终，世界幽幽，无头无尾；人道悠悠，无善无恶，众生幽幽，无是无非；天地人和，善始善终，天地人悖，是非是非；人守人道，求道必应，人无人道，必遭报应；人讲地道，快活一生，人不地道，求生无门；人遵天道，天顺人心，人背天道，必遭反噬。

易经考易，其实不易，知道则易，未知不易；不易能易，易在求道，不易变易，易为顺道；人生不易，未探其道，生存不易，不问其道；生活不易，不懂其道，生产不易，不求其道；易与不易，核心在道，遵道能易，背道不易；自然生道，道融自然，法可生道，道法自然；遵循自然，顺道易生，遵循法纪，适道易安。

高度不同，视野不同；层面不同，思维不同；角度不同，观点不同；立场不同，需求不同；知识不同，理解不同；阶层不同，认识不同；追求不同，目标不同；理想不同，境界不同；心智不同，思考不同；智慧不同，悟性不同；心态不同，处事不同；胸怀不同，志向不同；世界不同，矛盾纷纷；世界大同，和平发展。

是高是低，是远是近，是前是后，位置所定；是大是小，是长是短，是胖是瘦，比较所定；是快是慢，是急是缓，是强是弱，需求所定；是对是错，是好是坏，是是是非，观点所定；是善是恶，是慈是凶，是霸是柔，人品所定。位置不同，认识不同，需求不同，认定不同；观点不同，评定不同，人品不同，结局不同。

他人成功，看似能学，其实很难，各有所长；他人失败，听者心痛，其实何必，往事随风；他人故事，看似相关，其实非也，各有内容；古今中外，多少成败，都成故事，无须挂心；身后脚印，深浅不一，弯直都有，值得总结；脚下方寸，并非天赐，不是固有，需要努力；前程交集，似宽似窄，似明似暗，三思而行。

一个人说话有没有人相信，与其人品相关，人品好的人，说话可信程度高，自然有人信；人品不好的人，不论说什么花言巧语，终究没人信。做人好与不好，靠的是自己一时一事、一举一动、一言一语来积累，积善能成德，积恶会成魔，善有善报，恶有恶报，不是不报，时候未到，积德者必有福报，成魔者必尝恶果。

自信、自立、自强，是每个人成长、成熟、成功的"三要素"，自律、自控、自戒是保一生平安的"三规则"；只有"三要素"而不遵守"三规则"的人，很可能因骄傲自满、狂妄自大、无法无天而失败；"三规则"是人生基石，也是护身符，基石越坚实，越能彰显"三要素"，只有常备护身符，才能保一生平安。

如果胡来也能解决问题，那要法律法规干什么？如果敲诈也会成功得利，那要公检法司干什么？在全面依法治国的新时代，一切胡作非为、丧心病狂、无法无天的人，统统会被扫入垃圾筒。树正气、守法规，是公民的基本准则，面对恶人绝不能心慈手软；当良民、做善事，是公民的基本素质，面对坏事绝不能丧失原则。

很多事情不必凭嘴去争输赢，输了会伤元气，赢了会伤感情；原则问题要合法合规地争，非原则问题尽量不要争，如果非得要争，也要合理合情交流。争，不靠强词夺理，不能盛气凌人，而要依据事实、凭道理取胜；争，不可怒形于色，不能揭人之短，而要以理服人、以情感人。争赢并非真赢，不争而赢，方为高人。

斤斤计较、追求私利的人，大多是目光短浅、格局较小、心胸狭隘的人；不计小恩小惠、不与他人争利而追求前途的人，一般是工作积极、表现良好、公正大气的人；不求回报、不求权力、不争利益而坚守名节的人，都是人品高尚、威望很高的人；天下为公、自愿奉献、推动社会进步的人，一般都是能成就大事的人。

从多、广、深的认知程度来看，多与广是生存与发展所需的基础，认知的深度才是拥有财富、地位与名誉的关键。从认知的深度来看，每个领域、每个行业、每个产品都深不见底，谁耕耘得越深、越专、越细、越透，谁就能获得财富、提高地位、巩固名誉、提高生命质量。人生受限，有选择地深度认知才会获得价值。

同一个故事，讲故事的人，可以从不同角度讲，可以用不同观点讲，可以用不同口吻讲，不同的人会讲出不同的味道；同一个故事，听故事的人，会以不同角色听，会用不同感觉听，会用不同观点听，不同的人会听出不同的味道。多数人只是讲讲听听而已，讲过听过就忘了，但有人却认真对待，想从故事中挖掘价值。

有时候，商机来自人脉，人脉来自活动，活动源于缘分；所谓缘分实际上就是条件的聚合，当各种条件成熟之时，人们就会相聚、相识、相熟，就会发展为交流、交往、交情；商机就在交流中产生、在交往中共鸣、在交情中共赢。在企业运营与发展的过程中，机会与资源，往往就在走走、聊聊、听听、问问当中产生。

一生成功了，有些话说得不恰当，也被人们认为有道理，是真理；一生失败了，不管讲得多有道理，也总会被人们认为是废话。到底是废话还是真理？并不是靠说，而是需要经过实践检验，凡是经得住检验的，就是真理，凡是经不住检验的，就是废话，这是不争的事实。要想证明自己说的是真理，必须努力走向成功。

任何人做任何事总有目的与目标，自己要做或上司要你办，办什么事、解决什么问题、达到什么目的，心中应该有数。如果连目的、目标都搞不清楚，那就是白白浪费时间、精力与财力，作为管理者或员工，不论自己做什么事，或者完成上司交代的事，必须仔细琢磨、认真落实、实现目标，否则哭诉苦劳又有何用呢？

人生路上，历经无数次风风雨雨、历经无数个坑坑洼洼、历经无数次跌跌撞撞；颠簸致人损失，跌撞致人受伤，劫难致人倒下。几经风雨，方知生存不易；几经周折，方知前行艰难；几经劫难，方知珍惜生命。走在人生路上，明知是风风雨雨、坑坑洼洼、跌跌撞撞，但只得忍受疼痛、吞声忍气、带着笑脸、坚强前行。

有些事过去了就过去了，也就松开手了；有些事尽管已经过去，但心中的结总是解不开、放不下、想不通。人生只是过程，过程中肯定有得有失，得也好，失也罢，都只是人生路上的一个片段，如果因得到而开心、因失去而伤心，那么一喜一忧、一惊一乍都会影响身心健康，为了健康快乐，千万不要因得失而过不去。

帮助人本来是种美德，但如果你帮错了人，那么你不仅将美德丢了，而且会带来后患；如果你帮助坏人渡过难关，坏人又去做坏事，那么你也成了坏人。以此类推，不论你有意或无意、主动或被动地帮助那些恶人或魔鬼，你都会成为恶人、魔鬼。因此，你在自愿帮助人的过程中，务必搞清楚你所帮助的到底是什么人。

路修会通，人修会精，器修能用，事修能顺；修不仅是一种手段，也是一种目标；修不仅是一种理念，也是一种行动；人生历经不断自修、被修与修炼之后，很多道理会从不懂到懵懂，到全懂，再到精通；很多事情会从不会到会，到全会，再成师父。修，贯穿人生、应用一生，能否修成正果，关键看修行程度与层次。

如果不在同一个角度上，用同一个观点，看同一个问题，无论如何也达不到同频，更不可能实现共振；如果既不能同频又不能共振，那么双方很容易产生偏见、误会与矛盾；如果用怀疑的心态去听人讲话或与人交流，那么不可能听得进他人的意见或认可他人的观点。人与人之间，非常需要换位思考，需要以诚相待。

对个人来讲，生命靠时间累计，生命有多长，时间就有多长，生命结束了，时间也就结束了，生命之前或之后的时间与其本人没有直接关系。可见，时间成本是人生最大成本，这个成本不但决定人生价值，更决定人的生命。时间是有限的，必须珍惜、不可浪费，但珍惜时间必须尊重时间规律，不可透支而要劳逸结合。

如果你成功了，证明你定对了目标、做对了战略、跟对了人、融对了团队，证明你使对了力气、走对了路、用对了人；如果你失败了，证明你高估了自己或低估了自己，证明你考虑不周、目标不对、能力不够、责任不强、意志不坚。不论以后成功还是失败，必须做好定位、慎重思考、努力拼搏，只有这样，才有前途。

你今天成长或升职，并不等于你会不断成长与升职；你今天在职当权，并不保证你未来依旧在职当权；你今天取得成绩、获得成功，并不证明你未来都能取得成绩、获得成功。曾经不能代表当下，当下也不代表未来，在环境多变、危机四伏、迭代创新、攻坚克难、奋力拓展的时代，须审时度势、做好当下、思考未来。

即便你某天赚了钱、某次生意赚了钱、某个项目赚了钱、某年赚了钱，也不能证明你每天、每笔生意、每个项目、每年都能赚钱。所以，不要为眼前的获利沾沾自喜，不要以为自己是赚钱的好手，更不要以为自己能力强、水平高、运气好。时代在变、环境在变、市场在变，在千变万化的社会中，多多思考明天与未来。

环境变了而你没有变，说明你可能反应滞后；环境变好了，而你变坏了，说明你人品欠佳、难以抵挡诱惑；环境变坏了，而你条件变好了，说明你可能自私自利。人与环境息息相关，人应该珍惜环境、保护环境，但有人却将自己置于环境之外，甚至以环境为代价换取自己的利益。因此，要想改善环境，先要改善人品。

善良的人很多，无知的人不少，如果无知加上善良，其后果非常可怕；善良的人心好，无知的人缺心眼，心好但缺心眼，肯定会吃大亏、有后患。要善待他人、相信他人、帮助他人，但如果心好而无知，容易丧失甄别能力，容易将恶魔、坏人、骗子当成好人，后果不堪设想。要想做个善良的人，首先要具备甄别能力。

善良与无知一步之遥，无知的人辨不明真伪，看不透是非，分不清黑白；善良的人很容易轻信人、同情人、怜悯人；无知又善良的人容易被诈骗、被伤害、被利用。人分善恶、事分真假，要想做个好人，首先要能辨明是非、看透真伪、分清黑白，否则，善良会变成无知。人要善良而不能无知，更不能成为无知的善者。

与聪明的人打交道，会让你变得更聪明；与诚实的人交朋友，会让你变得更诚实；向智慧的人学智慧，会让你成为智者。未来的你想成为什么样的人，看你当下与谁打交道、与谁交朋友、向谁拜师，你的人脉、你的朋友、你的师父会影响你、左右你、引导你成为什么样的人。为了你的明天，必须考虑当下、认清当下。

有德有才，可称圣贤；有德无才，可谓庸者；有才无德，必是恶人；无德无才，可谓废人；德高才疏，可称好人；才高缺德，就是魔鬼。重德重才，社会发展；重德轻才，国庸民穷；轻德重才，世乱民怨；轻德轻才，国乱民贫。立国之本，在于重德；强国之梦，在于重才；国安民富，众心所归；国强民德，未来所盼。

不是你有钱就会被尊重，而是看你能否为国家贡献；不是你有权就会被尊敬，而是看你能否为人民服务；不是你有艺就会被认可，而是看你能否为社会奉献。有钱、有贡献才会被尊敬，有权、有爱心才会被敬重，有艺、有奉献才会被认可。人生有无价值，在于能否被认可，是否有奉献，为了活出价值，必须不断奉献。

人生在于过程，过程中追求幸福、体现价值、享受快乐，成也好，败也罢，都是过程中留下的不同符号而已；不管你到了人生的哪个阶段，未来的路还很长，因此，千万不能被符号所困，否则，要么陷入忧郁之中，要么飘在窃喜之中，要么生活在悲欢交集、喜忧参半的日子里，从而将身心紧紧捆绑，甚至会影响前程。

　　古寺有一鼠，躲在佛身后，常常看到香客给它下跪、献贡品、许愿还愿，香客离开后，它独享贡品，感觉实在太妙。一天，一只猫跑进古寺，看到老鼠便一脚踩住，老鼠高傲地说："你抓我？你没看到常常有人向我跪拜、给我送贡品吗？"猫训斥说："别晕了，人家是拜佛，哪是拜你。"世上确有其鼠，也确有其人。

　　天大还是云大？太阳大还是云大？人人都知道，别以为有时云集能带来雨，有时阳光下飘着云朵，有时天边出现彩云，其实一切都是天给予的空间，都是太阳支撑的表演。"人法地，地法天，天法道，道法自然"，这是人文法则、天地法则和自然法则，如果有人违背法则而自高自大、自以为是，一切努力都是徒劳。

　　在同一时间长度内，有人觉得时间用不了，有人觉得时间不够用，有时感觉很漫长，有时觉得太匆忙；在同一空间范围内，有人觉得空间太广阔，有人觉得空间太狭小，有时感觉空间太浪费，有时感觉空间太压抑。不同人对同一段时间、同一个空间有不同的认识；同一个人在不同时间段，对同一个空间有不同的想法。

　　有人说"得失并非对等"，世上确有白捞好处的人，然而，别看他当下白得了某些好处，却也同时失去了人格与尊严。那些出生在高官或富贵家庭的人，好像他们不需要努力，就能享受到更多优待，其实非也。得失平衡并不看眼前，而要看一生、甚至多代，从历史经验来看，凡是后代坐享其果的，没有一个有好结果。

　　某一次成功，可能是一生成功的基础，可能是一生失败的起点；某一次失败，也许是走向成功的转折点，也许是走向深渊的起点；人生无常，过程中的每一次变化，都与某次成败相关；成功中的经验，会让人更有信心；成功后的骄傲，会引发灾难；失败中的教训，会让人转败为胜；失败后的损失，也许会致人一生潦倒。

　　什么样的人叫老人？可用三个标准衡量：一是年龄在六十周岁以上的人；二是身体已经感觉趋向衰弱的人；三是基本处于退休而不干事的人。如果三条标准都符合，那就是老人；如果年龄到了六十周岁，但身体还很健壮，那不算老人；如果年龄到了六十周岁，但身体健康、思维灵敏，并能坚持工作，那更不算是老人。

　　"活着为了吃？还是吃为了活着？"这看似是很简单的问题，仔细推敲却并不简单。有人活着为了吃，活一生、吃一生，大吃大喝，图个痛快，不顾后果；有人吃是为了活着，适当吃、选择吃、控制吃，以此维护生命，追求更健康、更长寿；也有人，想吃没得吃，或有吃不能吃，他们与吃无缘，却祈盼着有吃的机会。

　　一个人的事业顺或不顺、成与不成，从客观上看，与其个人的基本素质、自然环境、人脉关系、社会条件相关，从主观上看，与其个人的努力程度、奉献力度、耕耘深度、意志强度、政治高度相关；一个人的事业能够成功，足以证明他的人缘不错、水平不错、能力不错，足以证明他能顺势而为、努力拼搏、不断奉献。

这个世界上没有人对不起你，只有自己对不起自己。如果自己很智慧，就不存在会被谁骗，就算被骗，也是故意被骗；如果自己很努力，就不存在谁能赢你，就算输了，也是有意谦让；如果自己很成功，就不存在谁会欺负你，就算被欺负，也是因为大度。做人不要埋怨，一切缺失，都是因为自己不够努力、不够智慧。

"哪个人背后不说人，哪个人背后没人说？"评说他人与被他人评说很正常，谁也避免不了。关键看被评说或评说他人的内容，到底是好是坏、是真是假、是褒是贬。你能用真话公道地去评说他人，证明你是好人；多数人能用真话公正地评价你，说明你还有价值，如果多数人贬你、笑你、踩你，说明你做人很失败。

人生就像过独木桥，要在有限的空间内争得仅有的时间，一路上也许机不可失、时不再来，也许失之交臂、终身后悔，也许忍一时风平浪静、退一步海阔天空；有人说事无三思必有患、人有百忍终无忧，也有人说人生如逆水行舟、不进则退，还有人说生命不息、奋斗不止。您适应哪一类人生？请对号入座、择位而定。

人生的独木桥上，有时争不得，有时争不起，有时争不了；有时让不得，有时让不起，有时让不了；到底什么时候争、跟谁争、怎么争，到底为什么让、让给谁、怎么让，应该有理由、有目的、有条件；争要争个明白、让要让个清楚，不要心中没数地争，不要莫名其妙地让，否则，争不过一败涂地，让不好被人看扁。

很多事，以为自己懂了，其实并不一定真懂！因为"懂"，分不同层面、不同深度、不同内涵。说懂了，到底是表面懂、大概懂，还是本质懂？是懂过去、懂当下，还是懂未来？是静态懂、动态懂，还是趋向懂？是这事懂、关联懂，还是全部懂？很多事，是不是真懂，心中应该有数，未懂要学，但不要不懂装懂。

每个人都有自己的想法与观点，在某些场合或因某些需要，你会主动或被动地表达想法与观点；受客观因素影响，你会产生新的想法与观点，有些想法与观点如果你不表达，心里憋着难受，如果你轻易表达，可能会带来更大的压力，让你更难受。其实，憋得住是你的肚量，扛得起是你的能量。是憋是扛，自我衡量。

人必须诚实，但不能太老实，老实人会吃亏；人不怕吃亏，但怕连吃了亏都不知道；老实并不可怕，怕的是老实至愚，一旦老实到愚笨的地步，不仅会吃亏，还不会有出息；如果先天不足，就用后天的勤奋与勤劳来弥补。做人很为难，如果太老实，就会被欺，如果不诚实，就会被弃，正确看待欺与弃，做到心中有数。

表象是天意，本质是道；结果是天意，起因是道。面对天意，要从道上入手，要对道加以了解、分析、研究、思考与省悟；面对道，要对自己的脾气、性格、知识、水平、能力、人脉、特长、威望、胆识与聪慧等方面进行剖析，尽量让自身的一切适应道、顺应道、融于道。只要与道相融、顺天之意，就有良好的结果。

很多人、很多事的结局看表面是天意，论本质是道；也就是说，所有天意来自道，顺道有顺道的天意，逆道有逆道的天意，修道有修道的天意。可见，凡是人们所见、所闻的天意，都与道相关，成功是因为守道、顺道与修道，失败是因为失道、逆道或背道。因此，不要苛求天意的结果，而要思考如何守道做人、顺道做事。

道是决定成败之源，顺道者成，逆道者败；道，无时不在、无事不在、无处不在；道，有显也有隐、有形也无形、有实又无名；别以为道无声无息、无色无味、无影无踪；其实，道会以天意来显现，就是按人的性格、脾气、行为、思维、做法与品德，给人相配的结局；顺天意就是顺道，顺者容易成功，违者必败无疑。

2020～2022

醒 悟 篇

出生孤岛，落榜回村，总想出头，坚持学艺；少年打工，指伤转岗，招工失败，二十失母；悲哀交集，立志成才，苦钻机械，初见成绩；首次挣钱，为家还债，为村做事，赢得威望；恩师关照，有幸入党，十年从政，问心无愧；弃政从企，改制下岗，再次创业，历经磨难；青春早逝，吾心依旧，不懈奋斗，无悔人生。

有些事，最好是不知，不知者轻松、简单、从容；有时候，最怕不知道，不知者受骗、受伤、受害。做人，该知的知，不该知的不知，无论知而不知还是不知而知，都会带来后患。什么事该知、什么事不该知，主要看境界，境界高的人才会准确鉴别什么事该知，什么事不该知。如何成为高人？明察秋毫，三思而后行。

日常管理中，想过不等于写过，写过不等于发文，发文不等于落实，落实不等于有效，当下有效不等于长期有用；日常工作中，讲过不等于做过，做过不等于做好，做好不等于做成，做成不等于有效益，有效益不等于安全。不论是做管理，还是做事，不仅要注重环节，更要注重效率；不仅要注重过程，更要注重结果。

打垮你的人不一定是对手，也不一定是自己，说不定是亲人或朋友。在激烈竞争的环境下，你会认真、慎重地对待对手，不断战胜困难、自我完善、获得成功；但是，当你取得成绩之后，将会成为亲人或朋友的依靠，总有一些亲人朋友不断向你求救，无止尽地逼你支援，变成沉重的负担，压得你力不从心、慢慢垮掉。

很多人有心结，心结中有好、有坏、有重、有轻，也许是思念，也许是担忧，也许是期盼，也许是害怕；一旦缠上心结，很难消除、很难放下、很难忘记、很难解开。一个小小的心结，可能变成过不去的坎，变成一种无法破解的局，会给身心都带来损伤。做人要想得开、看得远、放得下，必须解开心结、轻装前行。

生于忧患，死于安乐，人生在世，时刻警惕；注意安全，防范不测，牢记忧患，可避意外；沉迷娱乐，必有后患，乐不思蜀，后悔莫及；世界变幻，难以预测，环境变化，不可预料；提前防范，可防灾难，注意变化，可避不测；没事当事，事变没事，无患当患，患也无患；人生不易，过程多坎，小心面对，能保平安。

忆想少年，同学时代，男女有别，袖手不亲；同窗数年，不敢招呼，路如陌人，扭头擦肩；青春冲动，藏于心中，暗有思恋，憋气闷声；岁月匆匆，已是暮年，同学相聚，常翻笑篇；少年幼稚，天真可爱，本有真情，假装清高；碰杯畅饮，激发初心，懵情再露，感觉真好；人生友情，莫过同窗，花甲依然，快乐永远。

水，有浅有深、有透有沌、有味无味、有静有狂、有顺有逆、有善有恶、有益有害、有色无色、有毒无毒、有热有凉、有强有弱、有高有低，水都是由水分子组成，为何千姿百态、千差万别呢？这其实与水分子自身无关，而与环境、气候、场地、容器、地位、外力等条件相关；人性同样如此，都会随条件变化而变化。

雨，来于水，集于云，云厚雨落，雨落为水，落到溪里叫溪水，落到河里叫河水，落到江里叫江水，落到海里叫海水；或者说，雨从屋檐到地面，从地面到沟渠，从沟到溪里，从渠到河里，又从溪河汇聚到江洋……同样是雨，同样是水，落到不同地方，其名称、成分、作用、功能、价值皆不相同。人生犹如雨与水。

水本无形、无色、无味，水又有百态、百色、百味，同样是水，为何完全相悖、千差万别呢？也许与成分相关、与容器相关、与环境相关、与需求相关；水还是水，本属于简单、单纯、干净、善良的物质，但是，一旦融入自然、环境等外部因素之后，水却变得复杂又高贵、猖狂又罪恶。水之多变，可显世界之多变。

很多想象中美好的事，总觉得离你很近，其实想象与现实的差距很大，生活如此，工作如此，事业依然如此；本以为美好的事，但实践起来很艰难、很复杂、很痛苦，不要以为是上天为难你、考验你、阻止你，其实，过程中所发生的一切都有其必然联系，尽管你不了解、不理解、不谅解，但冥冥之中一切皆有天数。

小时候很多人靠哭解决问题，长大后很多人靠笑解决问题。哭是一种手段，笑也是一种手段，到底能不能解决问题，主要看对象、看时间、看事情。如果把事搞清楚了，把对象搞准确了，很多问题就能解决；如果把笑与哭搞错了、搞乱了，那么容易使没事变成有事，将小事闹成大事。切记：对症下药，方能药到病除。

古希腊哲学家赫拉克利特说："一个人不可能两次走进同一条河流。"理由是时间在变、流水在变，这些变化不可能相同。但在现实生活与工作中，由于人们缺乏空间、时间及流水变化的概念，过度依赖自己过去的经验，重复"走进同一条河流"，也有人好了伤疤忘了疼，再次踏入那条"河流"，带来不该的损失。

"农夫与蛇"的寓言故事大多数人都听过，很多人只是听听而已，总认为故事离自己很远，对自己来说，故事正在发生，自己就是地地道道的农夫，本想用发自内心的善良、尽自己的所能去帮助人、支持人，以为他人会被感动，至少不会反咬一口，令人万万没想到的是，"蛇"的本性不会改变，最终还是出来咬人。

不论是"厚积薄发"，还是"十年磨一剑"，不论是"卧薪尝胆"，还是"君子报仇，十年不晚"，都是叫你练好内功，让自己强大起来，当你达到炉火纯青的地步，曾经所有的烦恼、所有的打击、所有的仇恨，都会变成小事。我们不要怨天怨地怨他人，怨只怨自己没出息，如果自己成才，就有能力让世界变得更美好。

你憎恨对手，说明你缺乏能力；你忌妒他人，说明你胸怀太小；你羡慕他人，说明你水平不够。如何化解憎恨、驱除忌妒、减少羡慕？最好办法是让自己强大起来，只要自己有能力，就可以赶上对手；只要自己有抱负，就不会忌妒他人；只要自己有水平，就不用羡慕他人。心中阴影源于自我，完善自我可以改变一切。

对与错、成与败，看表面只是一字差、一时之差、一事之差，但结果可能差之千里。做人做事不可因小错而忽视，不可因小败而忘记，说不定积小错成大错、积小败成大败，不忘小错可免大错、不忘小败能杜大败。人生路上小错小败很难避免，时刻提高警惕，时刻小心翼翼，才能让未来的路走得更稳、更长久。

都说"光阴如箭，日月如梭"，日月依旧在，光阴又去哪儿了？悄悄回头发现，光阴在睡眠中溜走，在餐桌上溜走，在交通中溜走，在无聊中溜走，在忙碌中溜走……光阴溜走了，人也变老了，溜走的光阴给你我留下什么？是收获，还是无奈？是成功，还是失败？一切值得思考、值得省悟，一切值得珍惜、值得保重。

对与错、是与非、胜与败都是相对的。此时对，彼时也许错了；此时是，彼时也许非也；此时胜，彼时也许败了。如何看对与错、是与非、胜与败？建议全面、发展、辩证地分析问题、认识问题；时空在变、观点在变、社会也在变，对错、是非、胜败也在变，在变化无常的世界，绝不能静止、片面、孤立地认识事物。

没有调查就没有发言权，没有调查就没有决策权。事实上，某些管理者可能因为懒惰而编造事实，某些执行者可能因为公务繁忙而草草办事，某些领导者可能因为偏听而错误决策。正因为某些人没有深入调查就轻易表态或轻易拍板，才造成了一些错误决策，造成了一些大损失。请牢记：今后总要为曾经的错误而买单。

　　扁鹊三兄弟,大哥治未病,二哥治初病,扁鹊治大病,大哥二哥没有名气,扁鹊被世人视为神医。扁鹊认为,哥哥医术远远高于自己,由于哥哥治病症于未发或萌芽之中而未被世人认可,因此导致大病发生,造就扁鹊名望。社会治理同样如此,那些能将矛盾解决于萌芽之中的人和事未被重视,由此导致社会矛盾产生。

　　时间不可能倒流、不可能停顿、不可能随心改变,正因如此,时间成本不可忽视。在同一时间段内,可能因事务繁忙、活动交错、意外突发等情况,导致分身乏术而烦恼、关照不周而被责怪、顾此失彼而损失。如何充分利用时间、合理调配时间、体现时间价值? 无奈时只得采取应急避缓、应重放轻、应大弃小的策略。

　　每个人都会追求享受,有人追求物质享受,有人追求精神享受,有人愿意先付出后享受,有人渴望即时享受,有人将给予当作享受,有人将获得当作享受;追求享受是每个人的目标,实现享受的不同方式、不同途径、不同层次体现人生境界;人人都有追求享受的权利,一个人追求享受的境界越高,人生就越有可能成功。

　　人有人的格局,企业有企业的格局,人的格局决定自身的命运,企业的格局决定企业的前途;人拥有什么样胸怀与胆识,决定了他有什么样的格局,企业持有什么样的理念与战略,决定了企业有什么样的格局。人是这样,企业是这样,国家也是这样。个人或企业如何打开格局? 最简单的办法是讲政治、顾大局,向核心看齐。

　　如何悟懂与应用"阴阳法则"？一、宇宙、乾坤是永恒的，人只是过客，必须接受客观事实，不要胡思乱想；二、世界、万物是变化的，变化都是有规律的，了解规律、掌握规律，有利生存、生活与发展；三、人性、思维是无常的，面对无常的人类社会，既要表示理解，又要懂得适应，既要主动融入，又要多个心眼。

　　"阴阳法则"具体有阴阳对立统一法则、长消协调法则、互转平衡法则、合力互根法则；每个法则从产生、变化到发展，都是有规律、有周期的，都有内在联系与外在变化，都是从合到分、从衡到抗、从融到悖，再从分到合、从抗到衡、从悖到融，不断地对立统一、长消互变、合力互根，逐步推动人类的进步与发展。

　　悟懂"阴阳法则"，是为了掌握阴阳之间互动与变化的规律，了解阴阳对立统一的关系，助推阴阳协调、融合和平衡发展。避免由于人类没有掌握阴阳法则，导致在改造环境的过程中，对环境带来破坏，造成生态失衡等问题；减少由于人类之间为了利益而产生的矛盾，违背阴阳法则而导致的社会不平衡、不安定因素。

　　"阴阳法则"是世间万物的根本法则，主要体现于阴阳对立、阴阳消长、阴阳转化和阴阳互根四大方面。阴与阳构成世界，阴阳黑白相冲、矛盾对立、内在相连、对立统一；阴阳此消彼长、日长夜短、夜长日短、相补相调；阴阳互相转化、盛久必衰、物极必反、分合互变；阴阳互根、相依互靠、相促互助、相融互合。

　　如何看待自由？人们的行为不同、思维不同、品格也不同，所以答案都不一样，也没有标准答案，正因为人与人不同，才会构成复杂多变、形形色色的社会。但有一点是肯定的，由于受诸多条件的约束与限制，自由是相对的，而不是绝对的，只有认可相对的自由，才会做到心灵遵道、行为守法、语言规范、精神文明。

　　自由分不同层面、不同范围、不同含义。从层面来看，有人为了自身自由，有人为了家人自由，有人为了百姓自由；从范围来看，有人为了生活自由，有人为了工作自由，有人为了经济自由；从含义来看，有人为了身体自由，有人为了精神自由，有人为了信仰自由。追求不同自由的人，其行为、思维与品格也不一样。

　　自由是相对的，因为自由是在信仰、道德和法律法规的约束下，是在时间与空间支撑下的具体表现；如果上述条件中有一项不具备，自由就会受挫受阻；即使上述条件都能被允许或满足，但受身体、年龄或经济条件等原因影响，自由还是一句空话。人人向往自由、追求自由，只有明白自由的真谛，才能真正享受自由。

　　一份权利，就有一份责任；一份荣誉，就有一份付出；一份名誉，就有一份义务。所有的事都是对等、平衡的，给你什么，你就必须付出什么；享受什么，你就必须承担什么。如果不对等，就会失去平衡，一旦失衡，就会出大事；没有白给的权利，没有白享的荣誉，没有白得的名誉，想明白了，才会珍惜、才会担当。

空中偶感随笔：陆地跑，冲云霄，高阳侧窗照，吾身刹那上天穹；水茫茫，雾蒙蒙，云海露山峰，人入仙境身在飞；一半阴，一半阳，疑实疑虚幻，蒙蒙眬眬心飘荡；是无能，实无奈，借助东方机，遨游长空瞰沧海；光阴短，世界大，不盯寸目事，放眼全球创未来；不苛求，不为难，守住初心愿，努力奉献亮人生。

自我评估不一定正确，高调的人可能高估，低调的人可能低估，没调的人可能乱估；自我评估基于个人主观意识，可能缺乏可比性与客观性，是非、对错、强弱、好坏，只是自我评定。自负时，错也对，非也是，弱也强，坏也好；自卑时，对也错，是也非，强也弱，好也坏。全面、动态、辩证的评估，才是合理的评估。

昨天给了他，今天忘给了，说你没诚意；今天对他好，明天忙忘了，说你人不好；曾经很关照，近来顾不上，说你没诚信。社会很现实，也很简单，不是因为你不好，而是他人不满足；世界很多事，不是你做得好不好，而是在于他人满意不满意。人欲是万丈深渊，不可能填满，别管他人评价好坏，重在自己守住底线。

受外界变化而变化的思维可谓"被变"思维，除"被变"思维之外，更多由心理活动变化而产生的思维，可谓"心变"思维，"心变"思维有常理的，也有非常理的，有延变的，也有偶变的，有正向的，也有负向的，有为本我的，也有为大众的。如何辨清"被变"与"心变"思维？需仔细观察、认真琢磨、慢慢品味。

人的思维主宰人的行为，思维是变化、动态甚至是无常的，思维会随着时间、年龄、环境、心情、需求等变化而变化，思维也会随着空间、场景、对象、欲望等变化而变化；所有变化的思维，都会影响与左右人的行为。从行为可以反推思维，当发现某人有异常举动、反常表现、异常言论之时，说明他思维已发生变化。

"我是谁，为了谁"，讲的是身份与定位问题。"我是谁"，很多人搞不清楚，比如：挣了一点钱就以为自己是大老板，有了一点职务就以为自己是领导，取得一点成绩就以为自己很了不起……这样的人很容易忘了"我是谁"，如果忘了"我是谁"，自然忘了"为了谁"，如果忘了"为了谁"，就会带来后患与麻烦。

"为了谁"，这是一个非常要紧的问题。不论你是谁，从事什么工作，都要想清楚这个问题。企业老板要明确为了谁办企业、为谁打拼，企业员工要明确为谁上班、为谁卖力，军人要明确为谁参军、为谁献身，公职人员要明确为谁从政、为谁奉献。"为了谁"，决定了你的态度，决定了你的目标，也决定了你的未来。

人生如梦。回忆过往，好像做了一场梦，那些必然的、偶然的曾经，那些幸福的、痛苦的过程，那些主观的、客观的结果，总觉得是冥冥之中已注定；展望未来，好像编制一场梦，那些现实的、想象的事业，那些美好的、虚幻的生活，那些可能的、不可能的目标，总觉得缥缈无踪难预料。人生如梦，美梦也许能成真。

人生如梦。睁眼是世界，闭眼是梦境；所处是社会，经历是人生；接受也好，拒绝也罢，体验也好，想象也罢；是梦似实，是实似梦，实中有梦，梦中有实；梦中有实的残留，实中有梦的幻影；有些现象觉得梦中见过，有些结果好像冥冥之中。自我提醒：做人需要智慧，也要带点糊涂；做事努力奋斗，也要顺道而为。

人生由空间与时间交融而成，时空交融的长度，叫作寿命。时空因条件聚合而缘起，时空也因缘起而交融；没有时间就没有人生，没有空间同样没有人生；人生的过程，在于时间的延伸与空间的扩大；人生的成败，是对时间的把握与空间的控制。人生既要珍惜时间，又要享受空间，与你相关的空间与时间，就是人生。

有职位的人，他们忙于事业与工作，难免满足不了亲友生活上的请求，由此导致某些人怨恨；办企业的人，他们忙于经营与发展，难免应付不了亲友的某些要求，由此导致矛盾产生。当下，类似情况较多，不少有职位或先富裕的人，经常成为矛盾焦点，到底是有职位先富裕人的错？还是有人仇官仇富？这值得深思！

好人不一定都能成功，成功的人不一定都是好人。既然如此，为什么要求做事先做人呢？一是好人做事利己不损人，坏人会为了目的不择手段；二是好人容易获得支持与帮助，成功概率比较高，坏人即使成功也会被众人唾弃；三是好人成功能流芳百世，坏人成功却遗臭万年；四是好人成功能利众，坏人成功变魔鬼。

　　不要做祥林嫂，后悔有何用？获得同情又有何用？光阴不会倒流，曾经的事，对也好，错也罢，赢也好，输也罢，过去的一切就让它过去。错的事，能改就改，不能改的就忘记；对的事，能延就延，不能延的就放弃；赢的事，只是基础，要在赢的基础上做加法；输的事，只是损失，努力将损失补上就好。一切向前看。

　　人生是否幸福，不能只看平时表现，而要看结局是否完满。有些人看似很一般、很平常、很憨厚，但一生可能很幸福、很圆满；有些人看似很强势、很能干、很聪明，但结局可能很辛酸、很倒霉；人生的结局如何，其决定因素并不是一个人的能力、水平、地位、金钱与事业，而是一个人的智慧，睿智者一生平安幸福。

　　自悟之一：如果你能努力拼搏、积极进取并取得一定成就，别人就会看得起你、敬重你、靠近你、追随你；如果你没有文化素养、没有经济收入、没有专业特长、没有志气志向，那么别人就会远离你、回避你、讨厌你、抛弃你；如果你不讲信用、不求进步、生活邋遢、做事拖拉，那就没人愿意与你交流、交往或交易。

　　自悟之二：做好自己，就是先让自己成为有水平、有能力、有实力、有作为的人，这样才能更好地为国家、为社会作贡献。如果自己都没有出息，那么拿什么去为国家、为社会作贡献呢？如果自己成了国家、社会的累赘，那么凭什么说自己是人才呢？不论你想做什么，想成为什么，想表示什么，首要任务是做好自己。

自悟之三：企业老板，不是因为能力强被社会认可，而是因为有成功的平台才受到尊重与好评，办好企业是第一要务；从业人员，不是因为水平高被重用，而是因为有奉献、有作为，才能得到器重与赞誉，有作为才有地位；公职人员，不是因为奉献多就能升迁，而是因为组织信任才有发展前途。悟透其中缘由很要紧。

自悟之四：创业者做好自己，才能办好企业；有了企业，才有事业平台；有了平台，才能展示本领；有了本领，才能做出奉献；有了奉献，才算有点成就；有了成就，才能体现价值。从业者做好自己，才能展示能量；有了能量，才能享有舞台；有了舞台，才能有所作为；有了作为，才能体现价值。有价值才算没白活。

自悟之五：在其位，负其责，不论你从事什么职业，必须做好应该做的事，必须处理好相关人际关系，才能对得起岗职、对得起身份、对得起事业；同样，"不在其位，不谋其政"，那些与你无关的人或事，不要过问、不要插手、不要添乱，不要评论、不要否定、不要传播。这样可以减少矛盾、减少误会、有利安定。

自悟之六：坦诚待人是做人的基本准则，但是，坦诚也要看情况、看对象、看场合；在原则问题上，对组织、对领导、对同事、对家人、对朋友，都应坦诚相待；如果面对非友好人士，那就没必要也不应该坦诚相待；如果面对非原则、非正式、娱乐性场合，也就不一定要坚守坦诚。总之，坦诚相待也要应人应事而议。

　　人生难免犯错误，如果犯了错，必须吸取教训、接受惩罚、深刻自省、铭刻于心；如果因为自身不认真、不思考、不小心等原因而造成再次重犯类似错误或不断犯新的错误，那就只能怪自己不长记性、不懂做事、不会做人。长此以往，不但会断送自己前程，而且给单位带来严重损失，故请牢记："吃一堑，长一智。"

　　六十岁是人生的转折点，到底是退休还是开始第二春？是放手交班还是继续创业？这是摆在六十岁人面前的选择题，看起来很简单：该退的退、该干时干。其实，并非如此，你想干就能继续干吗？你的第二春有地方发挥吗？身体允许你继续创业吗？能力水平跟得上时代步伐吗？站在人生转折点，需要静下来深度思考。

　　六十岁是人生分水岭，做人成功不成功、为人好不好、专业强不强、威望高不高，主要看六十岁。能否继续上升，能否平安退下，是否依旧吃香，能否继续创业，是否受人尊敬，有无专业成就，能否发挥余热，能否健康快乐，有无天伦之乐，能否自由自在，有无综合保障，等等，都看这分水岭，祈祷人人都能幸福美好。

　　有人到了六十越来越吃香，有人到了六十一落千丈，有人退下之后开启二春，有人退休之后步入养老；六十岁既是结果，也是开始，是曾经的结果，是未来的开始，结果证明曾经成败，开始证明未来一切，曾经的成败早已过去，欣慰也好，后悔也罢，不值一提。未来的期待就在眼前，重整旗鼓，努力拼搏，彰显价值。

六十岁是见证人生的时刻。一方面可以见证自己到底曾经有无威望、有无真心帮人、是否担当作为、有无做过好事，到底曾经有无专业特长、有无能力水平、有无实力基础；另一方面可以见证人们是否改变观念态度，自己是否感到世态炎凉、是否看到人性本质。此时品味人生、品味社会、品味人性，或许别有滋味。

活过一个甲子，不知不觉中，跨入老年行列，尽管我自以为并未老，但在年轻人眼里，我已经是老人，"被老人"的事实无法改变，只得乖乖地接受。光阴似箭、日月如梭，人生从小到老，这是自然规律，谁也无法改变；面对光阴，任何人都没有主动权、没有否定权，只有乖乖听话、好好生活、善待自己、奉献自我。

到了花甲之时，脑海里经常翻滚的是回忆、回顾、回想；儿时的玩伴、同学，各自成长、各有空间；曾经的同事、朋友，各自发展、各奔东西；退下来、闲下来、静下来之后，想找几位彼此认可的、谈得来的、观点相似的、有共同话题的，坐下来喝喝茶、聊聊天、吹吹牛，本是一件愉悦、幸福的美事，但越来越难得。

春秋鲁国上卿季文子倡导做任何事都要"三思而后行"，在他的治理之下，鲁国三十多年平安发展；孔子担心遇事如果行前过度思考，会耽误大事，于是提出再思即可。季文子倡导三思而后行有其道理，孔子提出再思即可，也有道理，都能证明做事需要多思考；连圣人都说要再思，那么我们凡人遇事更要三思而后行。

没有阻力无须努力，没有困难不想办法，没有付出哪来收获……事物总是对立统一的，不好的事情总有好的一面，好事也许会带来不好的结果；因此，我们不能因为遇到阻力就产生烦恼，不能因为碰到困难而胆怯怕事，不能因为付出心血而觉得可惜；人生在于经历，过程在于体验，经历积累人生价值，体验沉淀人生幸福。

人们在成长、成功或挫败过程中，性格、脾气、思维、观点都会因经历而发生变化，或多疑善愁、复杂多变，或更加自信、充满信心，或越挫越勇、越来越强；人生犹如一张白纸，经历犹如各类印迹，有规则、无规则、客观、主观、正常、非正常的印迹，让这张白纸变成一幅涂鸦画，其美其丑、其红其黑，皆为人生。

因失误而悟，因错误而悟，因误会而悟……误是难免的，但悟是必须的。出误不悟，就会不断生误，如果失误、错误、误会、误解的事出多了，迟早会酿成大事故，一旦出了大事故，连反悟的机会都没了。任何人，第一次失败可以理解，第一次被骗可能难免，第一次做错可以原谅，如果重蹈覆辙，那就怪你知误不悟。

将"悟"写成"误"，确实是错误，理当作检讨。人生过程中，一不小心，就会犯下错误，一不注意，就会造成误会，一不留神，就会耽误事情，一不认真，就将字写错；所有的误，都是缺悟而致，如果再不引起重视，就会继续生误。人生难免出错、误会、误事，但比出错更加要紧的是，如何因误而悟、因悟而不误。

2020~2022

情 缘 篇

所谓缘分，是量子之间的纠缠，这种纠缠的量子埋在心灵深处，按不同的磁场、磁波、磁频自行归类，之间交错、复杂与多变，之间相融、相斥或无关；量子的纠缠，会让人们会聚同一时空，会让有缘人产生共识与共鸣，变成朋友、同学或亲人，也会使无缘人回归阡陌。不管量子如何纠缠，我们都要珍惜难得的缘分。

人与人之间能在同一时间、同一空间相聚，其表象是机遇，其本质是缘。人际因缘起而聚，因缘落而散，有些人相识之后，成为一生朋友或事业伙伴，有些人的相识，却是冤孽的开始。缘有真缘与孽缘之别，真缘能产生同频共振，能增进友谊与事业；孽缘会带来两败俱伤，影响一生的名利与健康。但求天赐善情真缘。

缘分是空间与时间交合点上的相聚、相交与相融。相交相融的空间越聚焦、时间越长，缘分就越深、越长、越真。人与人之间有没有缘分，关键看能不能在同一时间、同一空间相聚、相融。不论是现实空间，还是虚拟空间，只要能够在同一时间、同一空间相聚、相交、相融的，都是有缘之人。凡是有缘之人必须珍惜。

什么叫缘？是圈子，是相聚，你们可以不认识，但因为时间与空间条件的聚合，你与他、你与她相聚、相交流、相融合，那就是缘；也许在某个场合你与他（她）擦肩而过，事后你们又会在某个场合再次聚合、再次交流，成为伙伴、成为好友，那就是缘；缘是人生基础，需要珍惜，成也缘，败也缘，珍惜才能走得远。

为什么有人成为朋友，有人却擦肩而过？为什么有人永不相识，有人却结怨成仇？俗话说："有缘千里来相会，无缘对面不相识。"人与人之间的相识、相交、相融，可能与有缘相关；人与人之间的误解、怨恨、仇恨，可能与无缘相关；有缘或无缘，并非人为造就，而是上天造化，每个人都需要珍惜造化，珍惜缘分。

情怀源于情结，情结就是心结，情结放不下，就是心结解不开；人总是有情怀，更有情结，情怀深厚，情结自然深厚，这种情怀如果没有遇到特定对象、特定场景、特定心情，就不会轻易打开；人的一生中总想表达些什么，各种表达都与境界相关、与需求相关、与情怀相关，所有的表达，都离不开情怀、离不开心结。

彼此想念、彼此挂心、彼此同感，都是纠缠量子同频、共振、相融的结果；彼此讨厌、彼此憎恨、彼此冷漠，都是纠缠量子相冲、相斥、相克的原因。纠缠量子犹如磁芯，会产生吸纳、共振，也会出现排斥、碰撞；纠缠量子犹如代码，会作出有序、分层、排列与净化处理。纠缠量子犹如电波，会干扰人的思维与心情。

梦是活跃神经的残余效应，大脑休息了，而一部分活跃神经并没安静下来，不时敲打并没有深睡的大脑，让大脑在不经意中呈现虚幻的景象，那些似虚非虚、似实非实、似清非清、似真非真的景象，很可能就是人们最希望、最担心、最美好、最可怕的深处记忆，仔细认真推敲，那些梦境与现实的寄托和担忧息息相关。

每个人在睡眠中都会做梦，有人做梦多一些，有人做梦少一些；有人梦境很舒服、很甜蜜，有人梦境很可怕、很痛苦；有人把做梦当成了人生，有人把人生当成做梦；有人希望美好的梦境能变为现实，有人将美好的理想寄托于睡眠中的梦境。做梦免不了，但梦毕竟是梦，不论梦境如何，绝不能影响生活、工作与事业。

话不多而厚重：儿子长大了，饿死不要怪爹；女儿长大了，冻死不要怪娘。肩单薄而厚重：在外要树得起形象、扛得住使命，在家要挡得住风雨、担得起责任。这就是父亲！要做一位有担当的父亲，知道撑起一个家不容易；要做一位有作为的父亲，知道干一番事业不容易；要做一位模范父亲，知道做一个男人不容易。

中秋酉戌，眺望东方，一轮皓月，渐渐升起；钻出云层，爬出树丛，托在屋顶，铭于心中；徐徐腾空，影落池塘，慢慢高升，映在杯中；繁华城市，与月相映，绿水青山，与月相融，天地和谐，人间美丽，千里婵娟，华夏共赏；月明星稀，繁灯光秀，心载故亲，思绪万千；年复一年，已是甲子，情深入怀，天长地久。

人的成长与成功，除了靠自己努力拼搏之外，还需要多方的关照与帮助，所有的被关照或被帮助，并不是因为本人运气或福气，而是血缘、情缘或姻缘的锁定，是他人关心、照顾、奉献的结果；因此，被关照、被帮助的人们，应该懂得感恩，要用自己的实际行动来证明自己有感谢之举、感恩之心，不要让恩人们失望。

　　回头看，想想自己在成长与奋斗的过程中，在生活、求知和发展的过程中，除了父母的养育之恩和家人的关心之外，还得到很多人的关照与帮助，他们中有老师、领导、同事，也有恩人、贵人、朋友，这些关照与帮助有有形、直接的，也有无形、间接的。承蒙多方关爱、照顾与帮助，才有当下一切，在此，理当感恩！

　　缘是原因吗？是也不全是。缘是关系吗？是并不都是。缘有形吗？不一定。缘有感觉吗？有也无。缘是什么？并无标准答案。只有缘起之时，缘才会显现，否则，缘埋于冥冥之中，若有若无、是是非非、似真似假。什么是缘起？是指某些人在同一时间、同一空间的聚合，并通过交际、交流或交融，建立起关系或情感。

　　缘在哪里？在心里、在周边、在远方、在空中？在过去、在曾经、在当下、在未来？在怀念、在寄托、在期待、在盼望？在放下、在拿起、在拒绝、在努力？都是都不是。其实，世界本来没有"缘"，"缘"是人们假设出来的，它是某个被大家共同认可的符号，只要读懂、悟透、珍惜这个符号，缘就会嵌入你的心里。

　　人与人之间，没有无缘无故的爱，也没有无缘无故的恨，所有的爱与恨都有前因后果。爱也许来自血缘，也许来自姻缘，也许来自情缘；恨也许来自孽缘，也许来自争吵，也许来自结仇。从表象看，爱与恨是人为所致，源于冥冥之中，爱由上天赐予，恨由魔鬼绑定，面对所有的爱与恨，不要强求，一切随缘随自然。

人的思维分不同层面，与思维不同的人交流，犹如"丈母娘讲天，女婿讲地"，不仅交流起来很累，而且还会气死人；为了避免身体受损、精神受伤、信心受挫，最好的办法是尽量回避与不同频的人交流。本以为交流太累是对方的错，其实并非如此，究其根本原因，是你找错了对象或选错了主题，因为同频才能共振。

从因果法则来分析，所有"莫名其妙"发生的事件，其背后都有前因做铺垫，其表象的对错、是非、动静、上下、胜败或变化，都是有原因的，当你认为"莫名其妙"时，其实是你还未看清楚、想明白、悟透彻。"出来混终究要还的"，就是说，当下要为曾经担当，未来要为当下负责，只有珍惜过程，才能减少麻烦。

能成为同事也是一种缘分，人们都应该珍惜这份缘分。在同一个单位的是同事，交往多或谈得来的，能升级为朋友式同事，以后即使不做同事了，还能成为朋友。珍惜缘分，同事之间才能融洽、友好、和睦，朋友之间才能合得拢、聊得来；从人的社会属性来看，同事之间要尽量和气，只有这样，才能做好事、结善缘。

方　法　篇

工作中，总有人不知道应该做什么、怎样做才对、今后如何发展。究其原因，主要是岗位职责不明确、缺少爱岗敬业精神、缺乏专业知识、缺乏人生职业规划。如何改变现状？从单位来看，战略要明确，执行要到位，岗位职责要明确，用人要对口；从个人来看，要有职业规划，找对口的单位就业，认真做好分内的事。

人生求学、工作、创业、旅行、社交的过程，都是在积累阅历，每一段阅历都是一种资本与资源，资本的不断积累与沉淀、资源的不断整合与应用，都是成长或成功的基础。人的一生犹如一座宝塔，求学、工作、旅行、社交，犹如宝塔中的基石、砖瓦、柱梁、楼层，建塔的资本与资源越扎实、越稳固，塔就越高耸。

缺乏信息资源或没有信息来源，意味着人会两眼抹黑、两耳堵塞，意味着企业会缺乏人才、缺乏市场。正因为信息资源有价值，所以催生了信息咨询、服务与交易的行业，产生了与信息相关的产业链，很多人借信息不对称的机会，从事投机活动。信息也是生产力，如何更好地发挥信息作用？建议从改善生产关系着手。

面对任务，认真评估，能接即接，不能即弃；顾及情面，硬做承诺，先接后拖，耽误大事；明知无力，不必死撑，造成损失，必伤自身；为难之处，果断处理，当断不断，必有其乱；坦诚做人，实事求是，量力而行，尽力而为；能者多劳，劳者用心，用心做事，开心生活；事在于专，专心成事，业在于勤，勤奋立业。

一步踏错，步步易错，如何免错，值得思考；踏出之前，认真调研，战略清晰，方案可行；踏出之时，瞄准目标，确定方向，执行有力；踏出之后，随时检查，及时纠偏，完善落实；遇到意外，果断决策，能纠则纠，能断则断；人生前行，起于心念，落于行为，正心正果；组织前进，始于目标，落于执行，正义正果。

将问题消除在萌芽、将矛盾解决于基层、避免矛盾激化，还是让矛盾严重激化、让问题充分暴露，再瞄准主要矛盾进行打击根除？不同人有不同的思维与逻辑，针对不同的问题与矛盾，用不同的做法与措施，去研究、应对与解决。按理说，前者相对有利社会，后者造成损失，但事实上前者无人关注，后者却立功受奖。

一边是危机重重，一边是生机勃勃，当下的行业、企业、产品到底如何持续发展？如何拓展市场？如何突破困境？面对摆在眼前的"十字路口"，选择对与错、是与非，其结果要么很差，要么很好，要么前程难卜，要么未来很好而目前困难重重。在多变难测的时刻，选择比奋斗更要紧，正确抉择，才能保证稳定前行。

两个 1 放在一起等于多少？很难说。也许等于 0，也许等于 1，也许等于 2，也许等于 11，到底等于多少，主要看两者是什么。是同类还是异类？是相融还是相悖？是拼加还是叠加？不同物质、不同内涵、不同结构，有不同结果；也许相冲，也许相加，也许相乘，也许相除。要想达到最佳结果，尽量选择同类叠加与相融。

　　争过来的事，可能是好事，可能是坏事，凡是争得的事，务必考虑后续事宜，争得来、做得好，可能是名利双收，如果争得来而做不好，可能会名败利损。在竞争过程中，要注重两大条件：一是能否凭能力争得来，二是能否凭实力做得好。两者具备，放心大胆去竞争；两者缺一的，最好自愿放弃，否则可能得不偿失。

　　如何做到讲话有人听？一要具有一定的表达能力和逻辑思维，让人听得清楚，觉得有道理；二要讲给愿意听你讲的人听，让人认真并有耐心地听你讲；三要选择能够主导的场合讲话，这样不但容易受到尊重，而且容易得到赞赏；四要把握好每一个表达的机会，尽力展示表达水平和真才实学。讲话有人听，也是一种成功。

　　什么是机会？不是靠自己创造，不能靠他人赐予，更不是靠偶然拾得，而是主观能动与客观条件聚合的结果，就是在特定时间与特定空间的交合之下，为了实现特定目标，汇聚特定条件的结果。不同的时间与空间中，机会常常在你身边出现，与你无缘的就变成他人的故事，为你缘起的才叫机会，一旦缘起，必须珍惜。

　　有些不平事，不说不行，说出口更不行；不说出来，人家不知道你怎么想，不知道你有什么困难，也不知道你有什么冤屈，也无法了解你、无法帮助你、无法为你鸣不平；但如果说出来了，很可能得罪人，很可能带来后患。进退两难之时，办法有三：一是忍让，二是自强，三是大度。忍让求安，自强克难，大度无冤。

　　人不能高估自己，也不能低估自己，更不能偏估自己。高估就是自负，自负制造心高，心高容易跌落；低估产生自悲，自悲导致失望，失望没有前途；偏估导致失误，失误带来风险，风险造成失败。如何自估？一用比较法，相比找优劣；二用分析法，分析找差异；三用反推法，反推看成败；四用预测法，预测做准备。

　　为什么有人成功有人失败？原因在于成功者花对了光阴、用对了功夫、拜对了老师、学对了知识、做对了文章、动对了脑筋、想对了问题、瞄对了目标、走对了门路、选对了人脉、择对了行业、交对了朋友、寻对了伙计、搭对了团队，相反的人必定不会成功。成功与失败，只是对与不对的差别，悟明了这些才会成功。

　　不说话，不一定说你是哑巴；说多了，可能说你是神经病。场面上，你可以说，也可以不说，不得不说时，必须说，可以不说时，尽量不说。如果没人让你说，说也是白说；对方不喜欢你说，你说的就是废话。每个人都会说话，关键看在什么时候、什么场合、说什么话。说对了，证明你有水平；说错了，就有失水平。

　　此时跑得快、跳得高、跳得远，只能证明你此时的成绩或成功，是你曾经努力的结果，但绝不能证明你未来的成果与成功。不论你跑得有多快，最终必须慢下来；不论你跳得有多高，最终必须落地；不论你跳得有多远，最终不能替代行走。靠跑、靠跳可以获得瞬间的成绩，坚持站得稳、走得远，才能获得真正的成功。

如果斤斤计较，会被人认为没肚量；如果什么都不计较，会被人认为太糊涂。做人不能太计较，也不能太不计较，太计较成不了大器，太不计较成不了大事。到底计较与还是不计较，主要看是什么事，如果不是原则的事、无关安全的事、不会影响前途或命运的事，那就别太计较；反之，必须计较，而且还要斤斤计较。

讲话的观点与站位相关，有人站在企业长远利益角度讲发展，有人站在一线员工利益角度提需求，有人站在管理或经营角度看问题，有人站在自身角度说事情。如果站位、角度、利益、目标互不一致，那么肯定会产生矛盾；如果各方都是利益共同体，只是站在不同观点分析与研究，那么大家就会团结一心、合作共赢。

人既要讲究独立生存，又要融入社会生活；既要具备个性思维，又要接纳共性理念；既需要他人帮助与组织关怀，又不能依靠他人或依赖组织。明确这些道理，有利自我定位。什么时候独立，什么时候融入，什么时候接纳，什么时候主张，什么时候依靠？不管是什么，都要把握一个度：独立不可孤僻，共生不能依赖。

知识从哪里来？从书本里面学来，从课堂中听来，从网上学来，从视频中看来，从身边人学来，从自己实践中来，从不断省悟中来。人，没有知识不行，片面掌握知识不行，缺乏省悟反思不行。要想掌握知识，必须从多方面、多角度、全方位来考虑，只有融于心、融于行、融于神，这样才能真正获得知识、运用知识。

　　人的思维与导向相关，是以问题、要求为导向，还是以价值、目标为导向？不同的导向会产生不同思维，所以，要想了解一个人的思维，就要先了解他的思维导向，在同一个导向模式下，引导不同身份、知识、阅历与智慧的人介入与参与对一个人的了解。多阶层、多角色、多维度的思维，有利于综合分析与科学决策。

　　得与失的关系，犹如一座天平，一头是得，一头是失，得多了，失就增多了。比如：想多学知识，空闲时间就少了；想多挣点钱，付出的心思就多了；想提升职位，工作压力就增加了；想成家立业，自由程度就降低了；想研究出成果，要花的心血就多了。总之，有得必有失，得与失之间理应平衡，得失失衡必有后患。

　　在过独木桥时，能否争得赢，靠的是能力；争赢后没后患，靠的是实力；是否主动让，体现的是修养；退让之后没损失，靠的是智慧。过独木桥也好，做人做事也罢，都要即时评估、量力而行；就是说，能过时尽量过，过不了的不勉强；争得赢的努力争，争不赢的主动让；有实力时敢于硬碰，担心有后患时保守为好。

　　在独木桥中间两人相碰时，还有很多假设，如果两人是朋友亲戚，肯定是互相礼让；如果两人是冤家仇人，不但互不相让，而且会动手干仗，结果是强者胜；如果两人虽然陌生，但两人脾气固执，结果要看耐性与体能。其实，人生每天都在过独木桥，都会遇到各色各样的人，到底是争还是让？理当认真理性分析定夺。

当独木桥上两人相迎之时，一个人的势力、能力、地位、财富、年龄、体魄、素质、名誉和智慧等优越条件，都是相争相搏的弱势；在相争相搏可能带来生命危险之时，凡是想要活命的、想有前途的、素质较高的、不想留下遗憾的人，必须主动退让；别以为主动退让就是主动认输，实际上是为了自己平安和家庭幸福。

两个人相迎在独木桥上，如果两个人身体、年龄、身份、财富等情况都差不多，可能是不急的让给急的，如果两个人都有急事，可能是变通的让固执的；如果是一男一女，可能是男的让女的；如果是一老一少，可能是少的让老的；如果是一穷一富，可能是富的让穷的；如果是一健康者一病人，应该是健康的让病的。

"求人不如求己。"如果自己有水平、有能力、有地位、有事业、有名望，那么很多困难、问题与麻烦，都会迎刃而解；如果自己有平台、有团队、有实力、有成就，那么很多渠道、人脉与荣誉，都会主动上门。与其上门求人，不如自我完善；虽然人生难免求人，但不到无奈、无助、无门之时，尽量不要给人添麻烦。

落水时要命，上岸时要钱，有钱时要名，出名时还是要命；人就是这样，命、钱、名都很要紧，没名人生没价值，没钱生活没保障，没命一切都变空。如何在保证安全的前提下挣钱？如何既能挣钱又能获得名誉？值得我们深思。最好办法是既不碰高压线，又不触碰底线，要在两线之间乖乖做人、好好做事、不断奉献。

　　当你无法辨别某物本质之时，可以委托专业人士或专业机构；当你无法识别某事本质之时，可以选择不介入、不参与；当你无法识别某人本质之时，可以选择回避与远离。面对某些事、物或人，你觉得简单，可能你未知其本质；你觉得复杂，可能你研究不够。当你在未知、不知、无知之时，按兵不动也是一种策略。

　　对物、对事、对人，如果只需要认识其表象，相对比较容易；如果要辨别物、事、人的本质，那就很难。一般来讲，识别物，可以采取具体剖析法；识别事，可以采取动态观察法；识别人，必须采取全过程交流、交际、检验与考察等方法。人生过程中，离不开与物、事、人打交道，要想辨别其本质，需要多长个心眼。

　　脾胃虚寒，造成元气不足；元气不足，造成气虚血瘀；气虚血积，产生血管斑块、血管垃圾、血管堵塞及经络堵塞，斑块脱落，垃圾积瘀，可能变成血栓，栓在心肌，造成心肌梗死，栓在大脑，可能变成脑梗，栓在颈部、四肢，可能造成中风、偏瘫。脾胃和，元气足，气血顺，身体健；要想健康，应从健脾养胃抓起。

　　人生在世，难免得病，凡患病症，必有其药；生病有因，患症有源，治病查因，查症寻源；医治病症，方法众多，北灸南针，东石西药；手术除症，心理疏导，养生自治，各有其效；仪器查症，对症开方，方准药好，药到病除。病死多因：滥医乱治，药不对症，因忧绝望。生病患症，实属难免，万一中标，淡定面对。

体内元气运转是身心健康的前提，坚持运动锻炼是身体健康的保障；靠外力，说明身体处于亚健康，靠服药，说明身体已经出现异样；单靠外力改变不了体内生态，只有靠自身能动性，才能维持元气正常运转；单靠外力改变不了身体状况，只有靠坚持锻炼，才能维持身体健康运行。要想改善身心，关键要靠自我管理。

时间是日月星辰运转的过程，记载着时光流逝与人生岁月；时间从来不会停顿、跳跃或被篡改，而人生往往在时间中徘徊，时光就在徘徊的人生中流逝；徘徊不是时间停顿，而是人生蹉跎，徘徊改变不了时间，只会改变人生的阅历；面对日月星辰运转，必须好好珍惜人生时光，即使身体在休息，灵魂依然要不停拷问。

阴阳互换平衡法则认为：在内部严重失衡失调或外部环境发生特殊变化的情况下，在某段时间或某个空间中，小到某个事物，大到某个国家，阴阳之间会产生周期性互换，然后慢慢恢复平衡。比如：孤阴、独阳、物极必反、否极泰来、合久必分、分久必合等等。这个法则证明：如果忽视阴阳变化，势必导致判断失误。

阴阳长消协调法则认为：阴与阳构成一个恒值的整数，恒值是平衡协调的，如果出现失衡或失调的情况，就会出现此消彼长现象。比如：阴盛而阳衰，阳盛而阴衰，日长而夜短，夜长而日短，男多而女少，女多而男少等等。当人们明白这个法则，就会重视协调平衡发展，只有这样，才能避免因失调或失衡带来的后患。

阴阳对立统一法则告诉人们：阴与阳是对立的，也是统一的。比如男与女、日与月、早与晚、前与后、上与下、正与反、白与黑、刚与柔、强与弱、对与错、大与小、富与穷、是与非、雌与雄、真与伪、管理与被管理等现象和本质，既是对立矛盾，又是辩证统一的。读懂对立统一法则，利于辩证认识问题与解决问题。

真的很听话，还是装得很听话？真的很认真，还是装得很认真？别看他那个听话的样子，别看他那个卖力的劲头，而要考考其过程、问问其结果，如果答不出提问、经不住考核、拿不出成果，那么，他就算最听话、最认真，也是假的。假的真不了，真的假不了，对于某些员工来讲，与其装得很辛苦，不如好好干工作。

"是发病后跌倒，还是跌倒后生病？"这是容易叫人误解的问题，很多人以为老人不小心跌倒后生病或骨折，事实恰恰相反，是因老人突发疾病，身体失衡而跌倒，导致病情加重或受伤。上述错误判断，已成为人们认识事物表象的通病，比如：有人认为官员被查出问题，其实是他们犯法违纪在先，查只是让真相曝光。

个性这个东西很有趣、很有味，按 80/20 法则来看，比较合理的是共性占 80%，个性占 20%。根据这个法则，个性应该是有而不多，少而不缺，偏而不离，咸而不涩，酸而不辛，油而不腻，甜而不黐。就是说，没有个性不行，太有个性也不行，个性不凸显不行，个性太突兀也不行。所以，个性的凸显，关键要把握好度。

有正能量、正向、正直、正义的人，很容易积累财富和事业成功；这样的人如果在秉持正能量、正向、正直、正义的基础上，加上在成长、成熟、成功的过程中，不断地完善自我、提高素养、控制个性、理解共性，以后肯定会越来越好；如果在个人成长的路上过于彰显自我、凸显个性，那么很可能会跌跟头出事情。

人的个性往往演变成秉性、本性，乃至德性；个性好的人，其秉性、本性、德性也好，反之都不好；有个性是难免的，但有良好的个性很难，因为个性突出的人，很容易失调、失衡；可见，个性不好的人，很难守住良好的秉性、本性与德性。如何获得良好的德性？最好是提高自身素养、适度控制个性、顾及组织共性。

写字需要笔，打靶需要枪，种地需要锄头，做工需要榔头，打狗需要棍子，总之，不论干什么事，都需要工具支撑。现在，有些人在谈创业、谈发展时，讲起目标、理念、理想来头头是道，听起来很美好、很令人鼓舞，但事实上，缺抓手、缺途径、缺手段，说白了就是缺有效工具，如果没有工具支撑，一切都是浮云。

当你跳起来才能够得着，说明你个子不够高；当你踮起来才能够得着，说明你站的台子不够高；当你爬上去才能够得着，说明你所处层面不够高。自己是什么角色、什么水平、什么底子、什么高度，心中应该有数，要想让自己得到器重、受到尊重、获得成功，最好就是让自己成为高人。与其求助他人，不如自我完善。

如果你是乙方，必须守住三条底线：一是人格底线，诚心接受甲方的批评、要求和意见，但绝不允许辱骂或动手；二是守住法律底线，甲方要求改进、增项、调整等，须有补充合同或联系单，以免口说无凭，甲方的非法要求，必须拒绝；三要守住发展底线，谦卑、忍受与退让是为了发展，如果与发展相悖，有权拒绝。

领导者不仅要讲究科学，更要懂得哲学；不仅要讲究技术，更要讲究艺术；不仅要注重当下，更要注意未来；不仅要考虑成功，更要考虑失败；不仅要考虑自己，更要考虑他人；不仅要考虑组织，更要考虑社会。跟从者不能盲从瞎跟，而要动动脑筋；不仅要服从照办，更要思考问题；不仅照顾情面，更要鉴别是非。

你讲的话有没有人听，取决于你讲的话有没有道理，取决于你讲的话有无可信度，取决于你自身有没有威望，取决于你在听众心中有无权威。面对那么多的前提因素，你不得不思考如何讲话，在什么场合讲话，讲给谁听等问题。如果讲话没人听，或者被人质疑，那就干脆不讲。因此，讲话理应注意场合、内容与对象。

某些信息，对有感觉的人来说，是资源、宝贝，可能启发其创业、助推其发展；对没感觉的人，是垃圾，是噪声，是多余的东西；在当下信息化、数字化的时代，我们随时都会接收大量信息，信息中大多是垃圾，但在成堆的垃圾中，也许某些信息会给你一些启发，给你带来机会。面对各类信息，需要我们甄别判断。

当你还未曾听过的时候，有人已经在研究；当你还未看懂的时候，有人已初见成效；当你还未想明白的时候，有人已经成功。因此，面对很多新生事物，你觉得与你无关的，可以不必理会和在意；觉得与你相关的，必须主动了解、深入调研。如果想而不思、要而不干，那就只能看着他人成功而机会从自己的身边溜走。

人家没有，我已有，这叫创新；人家不会，我已会，这叫能干；人家不懂，我已懂，这叫聪明；人家有了，我在学，这叫模仿；人家成功，我参与，这叫追随；人家精通，我不懂，这叫外行；人家能干，我不会，这叫无能；人家早知，我不知，这叫愚笨；人家都有，我没有，这叫落后。你我属哪类？对照一下便知道。

在共建共享、共担共赢的时代，任何企业都离不开产品相关方、产业相关方的支持和配合，只有通过多方位合作，才能做大市场、减少风险、做强企业。事实证明：合作是求得共赢、稳健发展的最好方式和最佳途径。如何保障合作成功？一是秉持坦诚的合作意愿，二是建立合法的合作关系，三是保证规范的实施过程。

没有利他精神的人，都是自私自利的人，他们常常将自己的利益建立在伙伴的痛苦之上，千万不要与这些人合作。一旦发现身边有这样的股东，务必采取应急措施：一是尽量与其割断关系，能不合作的就不合作；二是无奈之下，要用制度与措施来制约，提防他无孔不入；三是借助第三方的力量来平衡，避免后患发生。

合作的过程中，一旦得罪那些斤斤计较的小人，就会带来麻烦，即使你不计较、作让步，也无法满足小人的贪欲；小格局者"做人不灵做鬼灵"，如果你有一点点被他们视为可以钻空子的状况，他们肯定会抓住机会，由此带来无穷后患。因此，办企业的人，一方面要合法经营、依法纳税，另一方面要提前建筑防火墙。

不变可能落后，可能影响发展；多变可能乱套，可能阻碍发展。前行过程中，变是肯定的，但多变了会乱，如何应对变、处理变、准备变？这要根据客观事实、环境情况、社会现象、发展需要而定；有时要跟着变，有时要看着变，有时要引导变。具体到底怎么变，要应人、应事、应势、因位、因权、因利、因需而定。

不管你的现状如何，都要给自己留个交际空间、生活空间和自由空间；对应的空间要让自己看得到、想得到和能得到；关联的空间应有利于自己成长、上升和发展，会给自己带来希望、寄托和前途。空间代表前途，有空间意味有未来。因此，任何人做任何事，不仅要给自己留个对应的空间，还要给关联方留个共享空间。

2020~2022

识 人 篇

人与人之间，不能不信任，不能太信任，互不了解的，不要轻信；互相了解的，不能太相信，环境变了，人心也会变。是否可信，不仅要看事，还要看人，不仅要看过去，还要看当下，不仅要看当下，还要看未来。别以为曾经可信当下就可信，别以为当下可信未来就可信。环境在变，人心在变，多变之下，谨言慎行。

人是人，才是才，是人必有才，是才必要用，有用才叫才，没用是庸才；人无全才，才无全用，才在于专，专才专用，非专不用，非专白用；应人识才，因才适岗，才岗相配，方为真才，才岗不配，终归庸才；用人用才，选人选才，人才相融，方为人才，人才相悖，变为庸才；人是人，才是才，人才一体，能成大事。

两类好人容易被骗。一类是智商情商都不高的"老实人"，他们会将心比心，误以为他人都是好人，误以为他人讲的话都是真实、有道理的，于是在认同他人或同情他人中被骗；另一类是大智若愚的高人，他们明知对方是骗子，明知对方说假话，也不想将其揭穿，更不与其计较，自愿上当"受骗"，为的是减少麻烦。

对生活细节太不计较的人，不会注重个人形象，不会注重规矩或礼节，不会认真主动工作；对生活细节太注重的人，过于注重场面细节和个人形象，也会特别计较个人得失，不会将太多精力与时间用于单位工作，更不会无私奉献。做人要注重生活细节，但不能太注重，过犹不及，太不计较与太注重的人，均不可重用。

最可恨、可恶、可气的十种人：一是无恶不作，二是阴险毒辣，三是见利忘义，四是翻脸无情，五是言而无信，六是信口雌黄，七是唯利是图，八是欺上瞒下，九是挑拨离间，十是假公济私。面对那些恶人、坏人与小人，务必守住原则、坚持公道、尊崇法理，坚信"善有善报，恶有恶报，不是不报，只是时候未到"。

你最信得过的人，也许是骗你的那个人，你最要好的朋友，也许是害你的那个人。在利益前面，亲人反目、朋友翻脸、同事背叛、伙伴互讼，已是不胜枚举，即使事情发生在自己身上也是很正常。人性的本质是自私的，关键时刻难免出现温柔的陷阱、友情的背叛、合作的后患，因此，不仅要做个好人，还要多个心眼。

有些人，你给他一个小孔，他凿出一个大洞，你给他一笔业务，他打出一个市场；有些人，你给他画个圈圈，他永远站在圈内。会不会做人暂不评价，会不会做事，确实不一样，不同性格、不同能力、不同努力程度，其结果完全不同。市场拓展、事业发展，非常需要一批敢想、敢干、敢闯的人，有他们才有一席之地。

在位时，人家尊敬你，不一定是真尊重，就算真尊重，也有一定水分，不在位时，他人对你尊重才是真正的尊重；有钱时，他人围绕在你身边，不一定是真正的友情，即使是真情，也不一定牢靠，当你变穷光蛋时，依然对你真诚的，才算真正的友情。人际关系不能看一时，而要看一世。真正的友情与权力、金钱无关。

人都能"万变不离其宗"吗？很难说！能说人话、做人事、愿帮人的人是人，能认祖归宗、知道自己姓什么的人是人，能遵守法纪与道德的人是人，人性没变、人心没烂的人是人。相反，如果不说人话、不做人事、没有人性的人，那就称不上人；如果不认祖宗、不认祖国、不懂孝心，那也不是人，可能成了魔鬼。

帮人要慎重，不要轻易答应别人，如果答应了就要做到，不可轻易承诺，承诺后就要兑现，这样不仅帮助了别人，也为自己积累了信用；求人要谨慎，不要轻易开口求人，非求不可才开口，要有把握才开口，不管是否达到目的，都要牢记他人恩德。帮人或求人，都是难的，难在为难、困难、艰难，因为难而不可轻言。

求人时，不要把好话说完，事成后，不可把恩忘光；求人时，要守住人格，成功后，要守住人品；求人时，不可强人所难，事成后，不可过河拆桥；求人时，不要马屁乱拍，成功后不可狂妄自大。自尊才会自强，自强才会成功，成功懂得回报，回报见证人品；守得住人格，是做人的基础，守得住人品，是做事的前提。

帮人前要看人看事，要对被帮的人进行评估，要对被帮的事全面了解，如果被帮的人口碑不好、人品一般、关系复杂、乱七八糟，那就不能帮；如果被帮的事复杂交错、纠缠不清、后患难断，那就不要介入。帮人时要保持清醒，不要被关系情感、怜悯之心、花言巧语所迷，不要被空心汤圆、豪言壮语、承诺誓言所惑。

帮人是件好事，说不定也是件坏事，如果帮对了人、帮对了事，那么肯定是好事；如果帮错了人、帮错了事，那么肯定不是好事；可以肯定，坏人不会有好事，如果你帮了坏人，等于你也在做坏事；好人也会犯错误，如果好人做错了事，而你又帮助成全错事，那么你也在做错事；所以，帮人是件复杂的事，小心为好。

帮助别人对方不一定感恩，说不定会抱怨，还有可能会结仇。一是帮人时，别人对你有寄托与期望，当要求不能被满足时就有怨；二是帮人过程中，会出现多种变数，容易事与愿违；三是个人能力有限，还需再求人，上下需求很难满足；四是帮人过程中，需要人情加面子来支撑，事后如果对方过河拆桥，你也有怨。

帮朋友亲戚却反目成仇的案例很多。很多人顾于朋友亲戚情面，主动热情地去帮助、托关系、花人情。被帮人的人定会感谢或承诺，帮人的人必然是责无旁贷、全力以赴、力求成功，过程中很可能自作主张、自以为是，结果与委托人的想法和需求差距越来越大，此时，不管是中止不帮，还是继续付出，都会带来矛盾。

帮人是每个人都难免会遇到的事，如何做到帮人帮成事，事成人不怨，结果皆大欢喜？一切在于帮人之人的智、心、德。一是帮人要讲究智慧，能帮的才帮，不能帮的不帮；二是决定帮人时，必须真心、用心、切心，用心去帮，能成最好，不成无怨；三是把帮人当作积德机会，帮成了不要求回报，不成功也不伤和气。

帮他人或求别人帮你，要坚持三帮三不帮。三帮：一是紧急、意外、有难的事，二是被冤、受害、吃亏的事，三是顺道、积德、无患的事。三不帮：一是违法、违规、违纪的事，二是悖道、缺德、无理的事，三是伤情、损他、损己的事。帮他人要量力而行，求他人帮要合法合理；帮他人要体现价值，求他人帮要感恩。

求人是很难避免的事，如何做到少求人，求人必成事？一是懂得自尊、自信、自立、自强，凭借自身的能力办成事，通过自己的努力实现事；二是做好自己、树立威望、获得信任，让帮你的人放心帮忙、愿意付出；三是在必须求人之时，做好充分的准备，有充足的理由，以诚意感动他人，成就自己；四是事成之后，必须报答他人。

人是会变的：随年龄变而变，随环境变而变，随能力变而变，随水平变而变，随心情变而变，随身体变而变，随财力变而变，随地位变而变，随需求变而变，随事业变而变。有时为适应变化而变化，有时因想法变化而变化。时间在变、空间在变、环境在变，心境也在变，每个人都在变，不论如何，自有道理，值得理解。

在个人利益前面，会显露出各种表情、各类神态，有固执的、有虚情的、有假客套的，有大气的、有真情的、有高姿态的；在个人利益面前，可以看出一个人的心胸、形象与格局，可以看到他的过去、当下与未来，可以看出他能否合作、能否共事、能否做朋友。计较个人利益是人的本性，无可厚非，但要把握好度。

与"阴阳人"打交道会很累,他们表面说一套、背后玩一套,当面很客气、很热情,背后却会损人、害人。如果被"阴阳人"算计了,当下可能不知道。但是,日久见人心,时间会证明一切,不管"阴阳人"怎么玩,最终肯定会露出马脚。从政也好,从商也罢,不论是不是敌对矛盾,都不要玩阴招,否则事后不好见面。

老鼠与蝙蝠在角落里相遇,各自介绍能力与本领,老鼠说自己会打洞,蝙蝠以为老鼠在吹牛;蝙蝠说自己夜间会飞,老鼠以为蝙蝠在吹牛。其实,老鼠会打洞、蝙蝠夜间会飞,都是很正常的,为什么天生的基本功能,会被他人认为在吹牛呢?答案很简单,那就是老鼠与蝙蝠只知本我的特长,而不知对方的优势与特长。

"凶有凶相、善有善相。"如果一个人心中怀有恶念,其脸上,特别是眼神中就会透出凶气,尽管其强装笑脸或假装慈悲,也很难遮盖其心灵深处的恶念,如果你无法鉴别是非,证明你见得还不够多;如果一个人心怀慈悲与善意,自然是语言诚恳、举止文明、笑容可敬。相由心生、心由念起,念变即心变,心变生相变。

"相"是一个人的表象与其内在本质的集中反映,可以说,从一个人的形象、打扮、举止、谈吐、风度或风姿,可以看出其年龄、性格、脾气与本质;通过观察一个人对喜怒哀乐的表现,可以看得出他的心情、心态、负担、压力、快乐与幸福;通过对一个人的全面了解,可以知道他的爱好、专业、能力、志向与品格。

相由心生有一定道理。相字由木字与目字构成，木字指人相对静态的表象，包括长相、形象、个性与模样；目字指人相对动态的表现，如眼睛、眼神、说话、举止等变化。眼睛是心灵窗户，思维能主宰行为，可见，从一个人的眼神与举止中能推测一个人的心理活动；一个人的相好与不好，大多写在木字与目字之中。

我原以为人格是平等的，其实是我想错了，事实证明人格是多样的、非平等的，理由是：大公无私与自私自利的人，人格不可能平等；积极正向与消极负面的人，人格不可能平等；用权为民与以权谋私的人，人格不可能平等；慈仁善良与无恶不作的人，人格不可能平等。既然人格并非平等，待人之道也理当有所区别。

不论他人对你如何，都有他的道理。一般来讲，如果你对他有作用、有恩惠、有支助，他应该记得你、感谢你、认可你；如果你对他没作用、没好处、没关系，他有权不理你、不服你、不敬你；如果你对他有照顾、有帮助、有支持，而那个人反过来整你、害你、为难你，说明你有眼无珠、看错了人，要怪只怪你自己。

大多数老板喜欢听马屁话，但与比起马屁话，老板更喜欢看到好业绩；如果某些员工业绩出不来、跟不上、不显著，拍马屁又有何用？懂得拍老板的马屁，只能说你情商高，但比情商更要紧的是实干、能力与奉献，不会干只会拍，刚认识时可能有效，但时间一长，尾巴会漏出来，到时候越拍马屁，越会被老板所厌恶。

　　何为"识别"？百度解释是：辨别、辨认，这个解释并不全面。识别，不仅是一个词语，更是一个词组。识，是指认识、见识、相识；别，是指判别、分别、区别。识别一词，应该先是识、再是别。就是说，先对人、事、物的表象与其本质进行认识、了解和掌握；再在识的基础上，作辨别、分别，这才是识别的本义。

　　优点并不等于优势，优势并不等于成功。因为优点越突出的人，可能缺点越容易暴露；同样，优势越明显的人，越容易成为被攻击的对象。人需要优点，需要将优点变为优势，更需要将优势变为成功的基础，如何做到扬长避短、不露圭角、不竞而胜呢？不仅需要一定的耐性、修养与情商，而且需要人脉、机会与智慧。

　　每个人都有优点，但自身到底有哪些优点，需要正确自评，低估或高估，都会带来麻烦与后患。每个人都有优点，但比优点更要紧的是自我定位，如果定位与优点相匹配，优点就会成为优势，否则优点将变为缺点；现实生活中，不少人并没有真正明白自身的优缺点，由此不能正确自评、不能正确定位、不能扬长避短。

　　每个人都有优点，多数人靠着优点求生存、过生活、做工作、促发展；但在特定条件、特殊环境中，或遇到特定对象、特定事件时，一个人的优点，很可能变为缺点；一般来说，优点能变为优势，优势是成名、成功、成就的核心；但当优点被人利用之后，优势就会变为劣势。如何突出优点、发挥优势，值得我们深思。

有些看上去"莫名其妙"的结果，其实都是有内因的，比如：某两个人被认为关系挺好的，突然翻脸；某企业被认为正常发展，突然破产；某些人被认为身体健康，突然没了；某领导被认为很不错，突然被查……那些看上去很突然的表象，其实都是有内因的，只不过那些内因还未表露而已。切记，读表象当解其本质。

真正的朋友，总希望对方过得比他好，他会把朋友的成绩当作自己的快乐，把朋友的成功当成自己的幸福；如果看到朋友发财、升官、幸福而嫉妒的话，要么他是心胸狭窄的人，要么他不是真朋友。要想检验他是不是真正的朋友，就看他如何看待你的成功与失败；能与你同甘共苦的，就是真朋友，反之，就不是朋友。

当你取得成绩时，真心替你高兴的人，是和你同心的家人和好友；真诚向你祝贺的人，是你可靠或可信的关联者；当你遇到坎坷时，真心关照你的是心疼你的家人和好友，真诚支持你的是你可信或可靠的关联者。到底谁是你真正的亲人或好友？不要看平常关系、不要看鞍前马后、不要看酒肉之交，而是要看真情实感。

当你发财、发展的时候，有朋友在背后说你坏话，可能是你错认了朋友，可能他本来就不是朋友，可能那朋友心生嫉妒，可能是你冤枉了他。朋友可分三六九等，凡是会在背后唱反调、说坏话、搞挑拨、告密状的人，都不是真正的朋友，顶多算个熟人。朋友需要检验，能在私下提醒你、背后维护你，才是真正的朋友。

谦虚与骄傲之间的差别，不仅在于脾气和性格，更在于心态和心理；不仅体现在做事方面，更体现在做人方面。谦虚的人，总显得低调、热情、大度、真诚、谦让、谦虚；骄傲的人，总表现得高调、冷漠、小气、虚伪、强势、骄傲；谦虚的性格，往往能赢得他人的尊重和关照，骄傲的脾气，恰恰被人厌恶与唾弃。

谦虚的人，常常自我审查，总觉得自己存在不足，善于听取不同意见，不断完善自我、不断进步；骄傲的人，常常自以为是，总觉得自己都对，听不进去不同建议，总是我行我素、夜郎自大。谦虚与骄傲的人犹如走在分岔路口时走上不同道路的人，谦虚的人，朋友越来越多，前途越来越美好，而骄傲的人，慢慢走进死胡同。

一个人调离原单位后，再也不愿意回到原单位与老同事见面，说明这个人不会做人；按理说，辞职、调离、解除合同很正常，就算闹得不愉快，也是难免的。但是，有个别人，非要跟原单位闹翻之后再离开，他们离开之后，非要挖墙脚、插一手、挑拨离间，这样的人，尽管有一定能力水平，但人品太差，好景不会长。

是否关心国家大事，这是爱国的具体表现之一，如果两耳不闻国家事，那就谈不上爱国两字；是否关心本企业的喜事、好事或难事，这是爱公司的具体表现，如果对本企业的现状、规划、文化、动向、目标和发展等大事小事都不关心，那就根本谈不上爱公司。不爱国的人不是好公民，不爱公司的人，肯定不是好员工。

人品决定胸怀，胸怀决定格局，格局决定定位，定位决定前途。从上述推理来看，人品与前途相关，人品好，前途会好，人品差，前途难卜。但有人不以为然，理由是：现实社会上某些人品欠佳的人，不但升官发财，而且前途光明。其实，看人不仅要看过程，更要看结果，结果成败，可以倒推人品与前途之间的关联。

捧别人的场，显得热情；指出朋友的不足，显示真诚。到底是热情好，还是真诚好？很难说！要看具体场合、对象、关系与表达方式。场面上，尽量热情一点，私下时，可以真诚一点；热情而不能害人，真诚而不能损人。场面上只会热情捧场而不给予提示的人，不可深交；场面上有意损你而不留情面的人，不可交往。

所谓人才，首先是人，其次是才，融之人才；表象是人，其实难说，人模人样，并非一定；人品好坏，关键在心，人正心善，称之为人；各有所长，各有所缺，扬其所长，方为专才；真才假才，需经实战，结果成败，可辨真假；天无全才，术有专攻，应才选用，论功定才；心正术专，德位相配，忠诚奉献，方称人才。

对于有冒险精神、创业实力和创新能力的人，可以因人设岗，让其独创领域、独辟市场，当主管或子板块老大；面对除此之外的人才，只能因岗配人。本单位设什么样岗、定什么样责、配什么样人，人力资源部必须吃透精神，做到心中有数，然后对岗对责对人，否则招也白招。人人都有优缺点，只要匹配，就是人才。

有人一方面想提升薪酬、提升职位、提高生活质量，另一方面却没有专业特长、不肯积极向上、不愿努力拼搏；有人明知道不可能不劳而获，却总祈盼天上掉下馅饼来。其实，很多矛盾是对立统一的、是可以调和的，只要你坚持不懈并努力付出，大多数矛盾自然迎刃而解。天下很多事，不要祈祷天赐，而要努力拼搏。

因人设岗，还是因岗定人？两种做法都有，主要是因人而定。对于具有独立创造、创业、创意能力并敢冒风险、敢于吃苦、自愿奉献的人才，可以因人设岗，根据他的特长、能力和志向，让他独辟蹊径，闯出一片天地；对于一般员工，一定要因岗定人，根据岗位、职责、专业等条件，招聘与其岗位职责相匹配的人员。

利益可分为个人利益、团队利益、集体利益与国家利益，不同人格的人，在面对不同利益时，会表现出不同态度与行为，从其态度与行为中可以看出他的作风与思想品德，可以推测他属于什么样的人、会有什么样的结局。古今中外无不证明：自私自利的人永远没有前途，而愿意为社会、为国家谋利益的人，将会成为栋梁之材。

作为属下或员工，如何才能得到领导重视、同事尊重、社会认可？首先要有能力、有水平、有特长、有品德、有自信；其次要积极向上、追求上进、服从领导、努力工作、有所作为、甘于奉献；再次要和睦共事、正直待人、积极向上、做事公正、勇挑重担、敢于创新。作为属下或员工，都要明白有为才有位的道理。

"野心"越大的人，越不计较个人得失，一般的得失对他没有吸引力；没有小的失，哪来大的得，有意识的失，能赢得更多的认可。目标越大的人，越不计较眼前利益，眼前利益对他没有诱惑力，让利于人，才有长期合作伙伴；恩惠于人，才能赢得追随者。在大与小、远与近、得与失面前，你的选择，决定你的格局。

只会做事而不肯思考的人，永远是盲干者；只会照做而不懂思考的人，永远是个跟班；只会照学而不愿创新的人，永远是模仿者。学会做事是生活需要，照样做事是进步需要，积极做事是发展需要，如果不肯思考光做事，很容易被淘汰；如果不懂思考去跟班，可能走进死胡同；如果不愿思考去模仿，永远是个跟屁虫。

从管理学来分析，有水平的人，应该会想、会说、会写、会干；有能力的人，应该能想、能说、能写、能干；有担当的人，应该敢想、敢说、敢写、敢干。会的不一定能，能的不一定敢，会而不能等于不会，能而不敢等于无能；只有又会、又能、又敢的，才是真正的人才；是不是人才，可以按会、能、敢来进行评定。

凡是人才，一定是有水平、有能力、有担当；能力比水平更要紧，担当比能力更要紧；仅有水平而没有能力的人，只能空谈、空想、空忙，不但没有成果，而且浪费资源；有能力但没有担当的人，只会乱想、乱忙、乱搞，不但浪费资源，更会带来风险；只有敢于担当的人，才是真正有作为、有成效、甘于奉献的人才。

　　业余与专业确实不一样，水平有差距并不要紧，态度有差距才是关键，不断努力可以缩小水平差距，如果态度不改变，那就永远无法超越自我；要想改变自己、完善自己、提升自己，必须从改变态度着手。同样，一个人水平差一点并不要紧，可怕的是自己几斤几两心里没有数，如果总是自以为是，那么结果可想而知。

　　人家未发现，你已经看明白了，这叫前瞻；人家看不懂，你已经有思路，这叫聪明；人家站着看，你已经着手开干，这叫能力；人家在观望，你已经开始探索，这叫冒险；人家在模仿，你已经提升再造，这叫创新。一个人到底有无前瞻性、是否聪明、有无能力、是否敢冒险、能否创新？认真对照一下，心中自然有数。

　　有人问："为什么那些当大官的人显得特别客气、和善、亲民，而某些小喽啰却总觉得自己很了不起？"我说："因为客气、和善、亲民，所以能当大官、成大事，而那些因为有了一点点小权力就自以为了不起的人，注定只能当个小喽啰，结果可以反证前因，只要明白这个道理，就会不断提升自我、拥有光明未来。"

　　有一种人是爱折腾的人，还有一种人是被折腾的人。爱折腾的人，不但老是折腾来折腾去，而且会充分利用职位、实力与权力，逼着或拉着相关的或不相干的人一起折腾；被折腾的人，大多出于无奈，如果不跟着折腾，可能随时出"状况"，如果跟着折腾，可能会把自己折腾半死，而自己不折腾，又会被外力所折腾。

机会总给有准备的人。你准备了什么？机会在哪里？你的准备与机会有关吗？这不是一个简单的问题，一个有准备的人，有远大的志向、敏捷的思维、坚强的意志；机会需要预测、需要分析、需要推理，当准备到一定程度的时候，机会自然来到。抓得住的是机会，抓不住的是妄想，准备好了，机会到了，必须把握住。

人家说你好，不一定是你真的好，也许是他阿谀奉承，也许是他有意捧你，也许是他故意骗你；别人说你不好，不一定是对你不好，说不定是忠言逆耳，说不定是有意打击，说不定是让你提前省悟。说你好也好，说你不好也罢，自己应该具备鉴别、分析与领悟的能力，千万不要被他人的评价左右，做好自己，一切都好。

为什么"人比人，死气人"，因为有人总是往上比、往好比、往强比，总觉得别人更有权、更有钱、更有能力，总觉得别人过得更好、混得更好、生活得更好。其实，他们比的都是各种表象，很少人去思考为什么别人比自己好、高、强呢？如果从深层次去认识、去分析，那就不会"气死人"，而是会更加敬佩别人。

从表面来看，人与人比的是长相、年龄、高矮、胖瘦、健康、气质、衣着、打扮、口才、举止和专长；从深一层来看，人与人比的是职业、工作、事业、资本、实力、资源、成绩、人脉、地位和名望；从本质来分析，人与人比的是知识、思维、层次、基因、智慧和悟性，比的是心态、气量、自信、努力、奋斗与精神。

劝诫篇

"不要与禽兽争输赢，如果你赢了，你比禽兽更禽兽，如果你输了，你连禽兽都不如，如果你打平了，你就是禽兽。"这些话虽然不好听，但有一定道理，告诫人们远离禽兽，不论做生意还是做伙伴，不论打交道还是交朋友，都要了解对方，到底是人还是禽兽，心中基本有数，一旦发现不对劲，尽快回避，以免后患。

"山外青山楼外楼"，原意为山外还有山、楼外还有楼，说明山多楼多。其实这句话本意是山外还有高山、楼外还有高楼，告诫人们，不要以为自己了不起，比你有水平、有能力的高人多的是；做人要谦虚、要低调，千万不要自以为是，千万不要自以为了不起，这个世界上高人如林，谦让与低调才有生存与发展空间。

做人规矩不规矩，做事规范不规范，通过接触、观察、交流、交往与合作，慢慢就会了解，接触越多、观察越细、交流越频、交往越深、合作越久，越能了解一个人是否规矩与规范。做人是否规矩，做事是否规范，犹如深深的烙印，很难改变。因此，一旦发现某些人不规矩或不规范，务必回避或远离，否则后患无穷。

可预测的风险、可控制的风险、可回避的风险，并不是真正的风险；意外的、不可预测的、无法控制的风险才是真正的风险。在环境多变、社会多变、人性多变的状况下，如果按常规的思维、守旧的心态和固有的理念去面对，那就无法预料、回避与控制风险。前行路上，防不胜防，务必时刻提醒自己"防患于未然"。

利益之下，可鉴人格；权色之下，可鉴品德；是非之下，可鉴法理；危难之下，可鉴关系；平常交际，难分真伪；萍水相逢，难辨是非；历经磨难，可见情义；历经沧桑，能知本相；天下有利，取之有道；天下有理，持之为道；天下有法，证之是道；天下有情，帮之正道；人性本善，遵规守道；道法自然，扶正祛邪。

欲望是一种动力，能让人不断进步与持续发展；欲望是一种罪孽，会叫人慢慢堕落或自取灭亡；欲望是一种能量，能让人增强自信、精神振奋；欲望是一团火焰，会让人自我燃烧或带来灾难。人需要有欲望，欲望可以改变生活、改变人生；人更需要控制欲望，控制可保稳健前行、一生平安。如何面对欲望？根在吾心。

真理只有一条，歪理却有千条。在混沌的环境中，有多少人愿意鉴识真理、研究真理、推崇真理？有多少人愿意明辨真理、探索真理、追求真理？面对魔鬼缠身之时，不好怨、不要怨、不能怨。世界本来如此，有好必有坏，有人必有鬼，有道必有魔；怨也如此，恨也如此。心住真理，可扬正气；心持正道，可镇恶魔。

"天欲其亡，必令其狂。"古今中外有无数个例子告诉世人，当你自视强大、自我狂妄、自我膨胀、胡作非为之时，那你离灭亡就越来越近了。不论你是谁，都要回头看看自己留下的脚印，都要抬头望望未来还需要走的路，如果因自己有钱、有权、有势力就忘乎所以，飘起来了，那么一定撑不了太久，必将重重跌落。

沉醉于功劳簿的人们，不愿意继续奉献；安心于稳定职业的人们，不愿意去创业创新；沉迷于固定模式的人们，不思考转型升级。这是一个日新月异、竞争激烈、奋发图强的时代，不论你曾经的功劳多大、你的职业优势多强，你的履历多么厉害，都将面临不进则退、不思则废、不搏则衰的结局。执迷不悟，必有后患。

不要提你想要什么，而要先考虑你有什么。因为得到与付出相对等，要什么与有什么相匹配；只要你有什么，就能得到对应的东西。当你真正有水平、有能力、有实力、有权威、有体魄之时，得到你想要的东西，自然变得简单容易；如果你什么都不会、什么都没有、什么都依赖，要想得到就难了，即使偶得也会失去。

与其将精力用在求人拍马屁，还不如努力让自己强大起来；与其追求虚荣心的满足，还不如让自己变得实实在在、有所作为；一个人水平高了、能力强了、奉献多了，地位自然也高了，自然能获得平等的感觉、他人的尊重。人的精力、时间、能力有限，如果将有限的一切用到无限事业上，总有一天能闯出一片新天地。

祸从口出，一句无心的话，可能得罪了别人，一旦得罪了，将会成为抹不去的伤痕。别以为讲个痛快就很舒服，别以为表达流畅就有本事，别以为今天不讲就过期作废；当说者无心听者有意之时，当触动他人心灵深处之时，当不小心揭开他人丑事之时，怨与恨就从此产生。只有管住自己的嘴，才能减少不该有的麻烦。

"我是谁？我从哪里来？我到哪里去？"这是终极问题，也是人们最容易忘记的问题。"终极问题"人类无法解答，但忘了"我是谁"，实在太不应该；社会上，经常会碰到这样一些人，比如他有后台、有实权、有实力，或者他成功了，他可能马上就牛起来、飘起来，很可能忘了自己姓什么，这样的人肯定好景不长。

"道"敬告人们，"一"是突破的关键，从零到一是质变，从一到亿是量变，有一才有无穷大，所有的量变都基于质变；因此，创业或企业发展，必须在零上创新突破，有突破才有希望。同样，量变引发质变，质变基于量变，如果其本质根不正、源无水、基不实，那么随着量变叠加，必将导致颠覆。切记：防患于未然。

楚国爱国诗人、政治家屈原（约公元前340—公元前278年），对内主张举贤任能、修明法度，对外力主联齐抗秦。后因遭贵族排挤诽谤被流放，在楚国被秦军灭后，那年的五月初五，屈原自沉于汨罗江，以身殉国。端午节，就是后人为纪念屈原而设，近两千三百年来，屈原依然活在人们心中。可鉴，做人务必要爱国。

从地狱升到天堂，那是鬼变人，再变神，是从痛苦走向幸福，祈祷天长地久；从天堂直接掉入地狱，那是从神一下子变为鬼，其境生不如死。世界在变，人心在变，世界会因人心变化而变化，人心也会因世界变化而变化，这些变化，会让世人渐渐看清楚鬼、人、神，会让世人牢记：一旦地狱之门开启，后悔已经无药。

他人对你的态度与表现，都是你自身具体情况的反照；对你客气、热情、尊重、礼让、羡慕，都是你自身价值的体现；对你忌妒、怨恨、贬低、反对、批评，都是你自己行为表现的反照；对你冷漠、无视、轻蔑、不屑、远离，都是你自己性格、做派的反照！人类社会是一面镜子，你我不要怨镜子，而要问自身。

做好人不能失去原则、不能失去公道、不能失去政治立场、不能失去战斗力；否则，容易被坏人利用、被敌人欺负，容易给自己带来后患、给社会制造麻烦。想做个真正的好人很难，想做个积极、有原则、正义的好人非常难，想做个自愿奉献、敢于斗争、不怕牺牲的好人难上加难。但是，无论有多难，也要做个好人。

"瘦死的骆驼比马大。"有些人拿这句话来比喻国内某些特大型集团。意思是说，某些大集团不管出现怎样的困难，规模实力明摆着，就算快要倒闭，依然很有实力。其实并非如此，别看某些集团规模特别大，就算它们曾经的规模与实力无可匹敌，但是，一旦出事，就会"兵败如山倒"，很有可能从此退出历史舞台。

人生精力有限，顾东可能顾不了西，有些事与你无关，尽量不要掺和、不要啰唆、不要费心思，如果乱花精力或自我折腾，就是浪费人生；人生时间有限，做任何事情都需要时间，如果浪费时间、用错时间、多花时间，都是浪费生命；人生机会有限，如果不能好好把握、不能认真应对、不能随时准备，就是糟蹋人生。

"我是谁?"很多人不知道。大部分人都不知道自己从哪里来,到哪里去。这些问题让人很难回答,也是人类终极问题。人来到世界上,需要搞清楚自己的表象,需要知道自己是谁,基因从哪里来。人来到社会是为了做点好事,而不必寻根问底,因为世界上的事有很多未知数,千万不要过于纠结,所有纠结都是徒劳。

"有权不用,过期作废?"有道理。但是,在你有权之时,一定要先牢记权是谁给的,是为谁用权,用权为了什么。明白这些问题之后,一定要做到在其位、用其权、用好权、用足权,一定要对得住这个职位,对得住手中的权,对得住给你权的人;如果在位的时候不敢用权、不懂用权,就是对不起职位、对不起人民。

狗是动物,是人类的朋友,保护狗既是人类的义务,也能体现人类的爱心;应该说,养宠物狗的人,是有爱心的人,凡是有爱心的人,肯定有良好的人际关系,能与他人和睦相处,能关爱他人的人。但是,有爱心的人群中却有人遛狗不牵绳,甚至在自家的狗咬人后逃避责任。奉劝这些人,既要关爱狗,更要关爱人。

所谓的天数之命,一方面是指宇宙自然运动的规律,及其运动过程中出现的不可预料、不可抗拒的意外情况,如地震、台风、海啸、瘟疫、火山爆发等;另一方面是指各类人为造成的战争、灾难、交通事故及其他流血事件;上述事件,很可能给一个人、一个家庭带来灭顶之灾,很可能改变人生的命运,故请未雨绸缪。

在交流中，了解是前提，理解是关键，信任是基础。如果不了解，很可能会乱说，可能文不对题，可能会被笑话，可能会得罪人；如果对方不理解，说得越多、隔阂越多、矛盾越大。"没有调查就没有发言权"，在不了解的情况下，尽量保持沉默；如果双方缺乏理解与信任，不说话还好，一旦开口，必然会带来后患。

"明白人点到为止，木讷的人说到底也没用。"在交往、交际、交流中，跟多数人交流总能"轻轻讲，重重听"，跟有些人吩咐犹如"水浇鸭背"；多数家人、朋友、同事之间的交流，彼此都能心中有数，说一句话对方就能开窍，会明白你想表达的意思与目的，没必要反复吩咐，更没要唠唠叨叨，否则会好心办坏事。

说话不仅是生存、生活的基本功能，也是成长与社交的基本条件，在人际交往、交流、沟通的过程中，都离不开说话，说话是一门技术，也是一门艺术，不仅要口齿清晰，而且要用词得体。场面上，该你说时不能不说，不该你说时不要乱说，心里有数的话大胆表达，心中没数的话尽量不说，但要对说过的话负责。

做好自己很难，不好好做人更难；做好自己，难在过程，要自我约束、自我完善、自我提高；不好好做人，爽在当下、难在未来，享受一时、痛苦一生。做人都难，但难也分不同种类，尽管做好自己很难，但有前途、有追求、有价值，而不好好做人，前途无望、痛苦一生。总之，做好自己会辛苦，不好好做人会痛苦。

如果说"失败是成功之母",那么"误"就是"悟"之父,每一次失误、错误、误会或误事,都是一场教训。教训是否铭刻于心,教训后能否提高警惕,能否避免再次出错等,都值得反思、值得省悟。因此,一方面让既成事实的出错尘封,减少烦恼、有利身心健康;另一方面要铭记此次的教训,前事不忘,后事之师。

好人并非笨人。好人善良仁慈、胸怀大度、大智若愚,明知亏而自让、明知伤而自忍、明知损而自受;笨人不知输赢、不问对错、不明是非,不知中被人损、无知中被人骗、不明中受人欺。好人必须是智商情商合格,不然,忍让会被视为笑话,损失会被视为无能;好人为了平安、积善、成功而装笨,而不是真的愚蠢。

想做一个成功的人,必须懂得吃亏、吃得了亏、忍受吃亏、愿意吃亏;表面是吃亏,本质上反映一个人的素质、心性与智慧;看起来是吃亏,本质上反映一个人的胸怀、格局与志向;俗话说"吃亏是福",明知吃亏而不计较、不追究、不争斗的人,才是有福之人;懂得吃亏的人能成大器,善于吃亏的人能成大事。

一般来讲,好人与坏人争斗,好人输的概率比较高,原因很简单,好人心慈手软、顾及面子、能忍就忍,而坏人心狠手辣、无恶不作、能抢就抢,两者相比,好人自然争不过坏人。但是,社会有公道、国家有法律、世人有正义,坏人即使赢了,也会被公道所贬、被法律制裁、被正义所谴责。好人要懂得维护自身权益。

"种瓜得瓜，种豆得豆"，这是世人公认的因果定律。唯物者认为，因果定律是世界变化、万物繁衍、社会发展的规律；唯心者认为，所有成功失败、因果报应，都是因果轮回的结果。因果定律告诫人们"恶有恶报，善有善报，不是不报，时间未到"的道理，提醒世人，做好人定有回报，对未来、对发展肯定有好处。

"十年磨一剑"是指要想成就一件大事，需要多年的不懈努力与反复磨炼；反复磨炼的过程，包括经得住反复的失败、打击和折磨，包括不愿放弃的意志、坚持不懈的毅力，包括不断学习、不断思考、不断探索、不断反省的精神；"十年磨一剑"，代表一种能量、一种意志、一种精神、一种信仰。坚持就会胜利在望。

从主观意识层面分析，思维方式只是人们应用的工具，选择不同的思维方式，或编制不同的思维导图，相当于应用不同的工具。选择思维方式，与空间、时间、事件、时代背景相关，也与其主观意识、决策水平和政治立场相关；别以为所有思维方式的选择都是客观、科学、唯物的，也许选择的背后受某些要素的影响。

人难免犯错，如果能从犯错中吸取教训、总结经验、改正错误，避免再犯错误、减少犯错概率，肯定是有前途、有奔头、有潜力的人才；人不怕犯错误，怕的是不知道自己为什么犯错误，怕的是不知道自己什么时候已经犯了错误，更加可怕的是明知自己已经犯了错误，却死不悔改。因此，尽量做到"一日三省吾身"。

聪明的人比较骄傲，骄傲的人比较计较，计较的人很难成功；而真正睿智的人，大多显得低调、谦虚、大度，尽管有时显得比较"笨"，其实是大智若愚。聪明是智慧的基础，智慧是聪明的归宿，但是很多聪明人因为太骄傲、太计较，倒在去往成功的路上，也有不少聪明人历经岁月的磨炼、事业的波折，变得更睿智。

少壮不努力，老大徒伤悲。这句话告诉人们：如果人在青少年时不努力，到老时会在伤悲中度过。讲的是辛苦与痛苦的关系，如果青少年时不辛苦，年老就会痛苦。假设将这辛苦与痛苦同时摆在人们面前，几乎人人宁愿选择辛苦；但在人生的成长、成熟、衰老过程中，不少年轻人总是逃避辛苦，结果却换来年老的痛苦。

过去是对的，当下并非正确；今天是对的，未来并非认同；你认为是对的，别人并非赞同；别人认为对的，你不一定赞成。对与不对，与时间相关，与空间相关；时空变幻中，对错也在变，很多对与错，可能因事而定、因人而定、因时而定、因需而定；过程中的决策，重在做好当下，尽力预测未来，但千万不要强求。

变，不可一概而论，变前先要搞清楚"我是谁？"如果你是追随者，那就跟着变；如果你是领导者，必须引领变；如果你过得比较顺，最好顺势而为；如果趋势不看好，思考如何变；如果遇到困难，随机应对变；如果你能看清未来，那就提前布局；如果你心中没数，那就慎重行事。到底怎么变？因人而异，因事而定。

羡慕别人不如做好自己，只要做好自己，就会有别人羡慕你；恳求别人不如自己努力，只有自立自强，才能减少求人概率。有时候，很需要羡慕别人，因为羡慕是最强的内在动力；有时候，很需要求助他人，因为求人是最快的解决途径；但是，不能变羡慕为嫉妒、不能变求人为依赖，否则，会影响个人的名誉与前程。

如果有客户投诉，证明你的产品质量不行、做事能力不行、服务水平不行；面对客户投诉，不要找理由、不要做解释、不要想回避，必须直面问题、自我检讨、深度反省、弥补过失、满足需求；人难免犯错，但要承认过错、知错就改、改了就好；如果明知有错而死不承认，结果会害了自己、害了团队，故须深刻反思。

很多事，强求没用，而在于缘起；何时缘起不能勉强，而在于条件聚合；每当条件成熟而聚合之时，缘自然而起。在企业运营与发展过程中，既要顺应客观规律，又要发挥主观能动性，当客观事实与主观能动性不相一致时，务必沉着应对、认真思考，须经深入调查研究之后，再做决策，切莫因武断决策而后悔不已。

表面装酷，不如肚里有货，装酷只能满足一时虚荣，有货才能实现目标；表面红装，不如身体健康，红装不能代表健康，健康才是革命本钱；表面逞强，不如内心刚强，逞强不能证明能力，刚强才能战胜困难；表面客套，不如真诚帮人，客套只能应付场面，帮人需要体现在行动上。可见，探究本质比观察表象更要紧。

是先规划路径、准备装备之后再上路，还是来个想走就走的旅行？是看两步走一步，还是不看路就走？不同的规划、不同的想法、不同的行为，有不同的结果；俗话说"不打无准备之仗"，创业更是如此，如果盲目创业、"摸着石头过河"、心中无数胆子大，那么肯定是头破血流、血本无归。所以创业务必三思而行。

创业犹如走路，在走路之前，先要搞清楚往哪里走、走哪条路，怎样过红绿灯、怎样翻山越岭，目的地在哪里，目标任务是什么，跟谁一起走，等等。犹如人不会漫无目的地去走路一样，创业要先搞清楚为什么创业、怎样创业、如何保证成功、万一失败怎么办，然后再决定是否创业、确定创业计划，否则，肯定失败。

不要苛求"我想要什么"，而要追求"我做了什么"，没有"做什么"，哪来"要什么"；做人现实一点，只有付出，才有收入，只有给予，才有获得；付出与收获、投入与产出、给钱买东西、劳力兑伙食的道理一样，有多少付出，才有多少回报，有多少作用，才有多少价值。等价交换、等值兑现，才是合理持久的。

2020～2022

求 真 篇

社会诸事，最怕无知，无知无畏，无畏则莽，莽易伤身，伤后必忌，忌若生悟，悟防再错；天下大事，最怕不知，不知胆大，胆大易错，错后反思，思后知过，知过方省，省求无过；世界奥秘，多为未知，未知未觉，未觉懵懂，懵懂生非，生非出事，事后必悔，悔能修身；未知求知，求知长智，睿智明理，明理求真。

换个角度看问题、换个角色看问题、换个观点看问题、换个需求看问题，对问题的认识程度与解决方法完全不同；很多事，在人为因素的影响下，问题的本身不要紧，解决方法与解决途径也不要紧，最要紧的是如何达成共识；在特殊的状况下，不需要争辩、不要分是非、不在乎对错，人在做天在看，人间正道是沧桑。

从因果法则来分析，所有"莫名其妙"发生的事件，其背后都有前因作铺垫，其表象的对错、是非、动静、上下、胜败或变化，都是有原因的，你认为"莫名其妙"，其实是因为你还未看清楚、想明白、悟透彻。"出来混终究要还的"，就是说，当下要为曾经担当，未来要为当下负责，只有珍惜过程，才能减少麻烦。

知与知道，不是一回事，而有本质上的区别。知，一般指知表象、知现象、知眼前、知当下、知汇报、知文字、知现状、知曾经；知道，重知其道，道有天道、地道、人道，天道是指宇宙、乾坤、星球变化的规律，地道是指气候、季节、环境变化的规则；人道指法纪、制度、文化的规定。能知天地人之道，方称知道。

　　人生路上，难免有所求，求的途径、方法、内容很多，有向上下、向内外、向前后或向左右，有为知识、为生活、为进步或为发展，有因遇急、因遇灾、因遇困或因遇坎。不论求什么，不论怎样求，途径要合法、方式要合情、内容要合理、态度要诚恳；只有用心换心、用情交情、用理还理，才能求之有效、求之有果。

　　人生如戏。人生在世时靠自己表演，你能演多久，演得如何，有人喝彩还是喝倒彩，一切靠自己的文化、知识、情商、智商、健康、能力、水平、实力、威望与奉献；人生离世后，有无后人演你，怎样演你，是褒是贬，是敬是恨，一切与你做人好坏、成败相关，与你有无奉献、有无作为相关。因此，要珍惜在世表现。

　　人生如戏，全靠演艺。要看你是学别人、演别人，还是自己演、演自己，要看是别人教你演、逼你演，还是你指导别人演、指挥别人演。别以为人们都在表演，但演技与演艺大不相同、用心与用脑大不相同、内容与内涵大不相同。正因为诸多方面的大不相同，才有大不相同的人生；只有精修演艺，才能成就精彩人生。

　　人生如戏。一般来看，大多数人是从学着演到自己表演，再到自导自演；但有的人怎么学也不会演，就算学会了也不愿意主动表演；有的人不用学就会演，而且演得声色俱厉；也许前者是诚实，后者是聪明，也许前者叫迟钝，后者叫天才；其实，两者是什么、叫什么并不要紧，要紧的是因演艺不同，人生结果也不同。

人生如戏，不管你是谁，有什么优点，有什么追求，有什么作为，总能找到属于自己的剧本、属于自己的角色：也许是主角，也许是配角，也许是丑角，也许跑龙套，也许角色互换；也许在台前，也许在幕后，也许做导演，也许是制片，也许统统都干。人生如戏，戏如人生，多少情节，仔细品味，也许都是命中注定。

人生如戏。人生过程，就是表演过程；混得好不好、过得好不好，常常靠表演；表演是一门技术，更是一门艺术，不仅要演得好、演艺高，还要演得巧、演得妙；好证明你有功底，高证明你有水平，巧证明你情商高，妙证明你智商高；人生如戏，但不靠装、不靠求、不靠哭，而靠实力、能力、魄力、魅力与不断努力。

有些人，给其楼梯不上，非要上吊，结果活活吊死；有些人，给其台阶不下，非要跳下，结果粉身碎骨。不管你是谁，都该对着镜子照照自己，也要看明白当下是什么时代。当下国家全面推进依法治国，靠敲诈的手段是不可能发财的。地方上也在创建"两个健康"先行区，制度和政策都不允许巧取豪夺。魔鬼该醒醒了。

空间有阴阳之分，人心有向背之分，人性有善恶之分，时间有昼夜之分，历史有黑白之分，当下有真假之分，未来有虚实之分。阴阳、向背、善恶、昼夜、黑白、真假、虚实等，各种显象人们能够明辨，如果是隐象呢？多数人搞不清楚。其实，诸多显象并非真相、诸多隐象并非本质，未知真相本质之前，须谨言慎行。

从空间来看，光明的另一面很可能是黑暗；从时间来讲，一时光明，可能一时就是黑暗；光明与黑暗总是互相映照，也可能互相变换。因此，某些事，表面看似光明，背后很可能是黑暗的；某些事，此时可能是光明的，彼时很可能就是黑暗的。由此可见，不论当下是光明还是黑暗，都要想想另一面、都要想想另一时。

基因好、家庭好、环境好是好的命运的开端，但命会随着运的变化而变化，运又会随外界的客观因素和内心的主观因素变化而变化。如果客观上风调雨顺、和睦安定，主观上又积极向上、友善真诚，命自然会好；如果客观上环境恶劣、社会动荡，主观上又被动懒惰、无所事事，命肯定不好。命好靠天赐，运好靠打拼。

做人要实事求是，做饼也要"求是"。人要从实际出发，不夸张、不缩小、不变样、不走味并正确地对待问题与解决问题；要从实际出发，去研究、去求证事物本质与本来面目；饼也一样，也要从实际出发，有多少料做多少馅，有多少馅做多少饼，是什么样的料，有什么样的味，不添加防腐剂，不做过度修饰与包装。

选择比努力更要紧，努力比选择更有效，没有正确的选择，努力等于白费劲，没有努力保证，选择将会变成空想；选择与努力都要紧，只是阶段不一样、程度不一样、作用不一样；开头重在选择，过程在于努力，选择给努力做铺垫，努力给选择增后劲；选择与努力相辅相成、相互促进，才能保证前行与成功。

任何事物都有两面性，好东西有不好的一面，坏东西也有好的一面；人也一样，好人有坏的一面，坏人也有好的一面。事物好与不好、人品好与不好，不是由自身决定，而是他人评定；一个人做人好，不一定就好，一个人做人不好，不一定就不好，因为，好不好都是由他人评定，说你好，你才好，说不好，你就不好。

清明，隔一代上坟是伤悲，隔两代扫墓是礼节，隔三代踏青问是谁，隔四代以上祭祖变庆典。可见，隔一代牢记是恩情，隔两代记住是感情，隔三代记住是亲情，隔四代以上记得住看心情。人生，健康时身心愉悦，病倒时身心难受，死亡可能是事故，死后可能是故事。死后故事精彩不精彩，全看活着做人精彩不精彩。

夫道、德、仁、义、礼，五者一体也。道者，人之所蹈，使万物不知其所由；德者，人之所得，使万物各得其所欲；仁者，人之所亲，有慈悲恻隐之心，以遂其生成；义者，人之所宜，赏善罚恶，以立功立事；礼者，人之所履，夙兴夜寐，以成人伦之序；夫欲为人之本，不可无一焉。《素书》原始章第一之前半段文。

有个故事叫"第七个包子"：古代有个穷人很会吃，他一下吃了六个包子，但肚子还觉得饿，于是，他喝了几口水后，又吃了第七个包子，一下子感觉肚子饱了，于是，他非常后悔，原来最后那个包子能吃饱，那前面六个包子都白吃了。这个故事听起来可笑，但事实上确有不少人在成功之时忘记了前人的铺垫与奉献。

　　小故事引发的思考。两山峰之间有一座独木桥，桥面只能走一个人。一天，桥的两端分别有一个人过桥，他俩在桥中间相遇，互不相让，到底是谁让给谁？由此引起争论。先做人物设想：如果两位都有急事；如果一富与一穷；如果一健者与一病人；如果一老人与一少年；如果一男一女。不同的角色，其结果自然不同。

　　"大海无风不起浪？"很难说！大海肯定有浪，海浪不一定因风而起，也许因轮船而起，也许因鲸鱼、鲨鱼、鱼群而起，也许因地震、海啸、海底火山爆发而起。总之，导致大海"起浪"的原因有很多、很复杂，人们不能简单认为"大海无风不起浪"；由此可推，导致世界变化或社会变化的原因很多，不可简单定论。

　　人需要智商，更需要情商。智商高而情商低的人，大多过着"与世隔绝"的生活，他们的语言、举止、性格，很可能与社会格格不入，他们往往因厌恶社会而活得很累；情商高而智商低的人，大多是"聪明人"，他们善于应对外界变化、善于融入社会、善于见风使舵，他们因为善于"投机"而活得潇洒、自由、快乐。

　　有一个词语叫"幸福让"，为了追求和睦与平安，必须"幸福让"。人生过程中，有可能会与人相争，如果你感觉自己幸福，那你必须忍让，因为争斗有后患，忍让才平安；如果你想追求幸福，那你必须让步，因为争斗有伤损，忍让保安全。俗话说，忍一时风平浪静，退一步海阔天空，忍让才有未来，退让才得幸福。

当你从山谷经过，看到最高的山就是眼前或周边的那些山；当你长期生活在山谷之中，总以为世界就是山谷那么大。世界到底有多大？高山到底有多高？不仅需要开阔眼界与视野，而且需要走出去看看，需要钻进书本里了解。做人不要被眼前的一切所迷惑，更不能被自己的思维所禁锢，打开心境，也许可以改变自我。

世界在变、社会在变，人也在变；变化中的一切很可能看不懂、想不通、悟不透，因而带着疑问、怨气和仇恨，去提意见、发牢骚、搞对抗。其实有些事情看不懂，是因为你的水平有限；有些问题想不通，是因为你的心胸狭窄；有些结果悟不透，是因为你的智慧受限。世界、社会、人很复杂也很简单，一切源于其心。

修养与脾气相对冲，脾气特别大的人，除了肝火旺、心情不好之外，一般与其修养比较低有关，正因为缺乏修养，所以脾气暴躁、为人不善；事实证明，有素质、修养高的人，为人随和、笑容可掬。修养可以改善脾气，随着修养提高，脾气也会变得随和。因此，如果觉得自己脾气坏且很难控制，请务必注重提升修养。

上接"天气"，下接"地气"，中间接"人气"，这是企业运营发展的必备条件。如果不懂接"天气"，肯定迷失方向，如果不能应对"天气"，定遭淘汰；如果不懂接"地气"，肯定自以为是，如果不能了解"地气"，肯定脱离实际；如果不懂接"人气"，肯定失去人脉，如果不能融入"人气"，肯定被视为另类。

　　"物尽其用，人尽其才，地尽其利，货畅其流。"意思是说：物要充分使用其功能，人要充分发挥其才能，地要充分利用其价值，货要充分保障其流通。这是至理名言，值得深思与践行，古今中外，不知多少人物研究与践行，但是，要想真正理解其本义，真正将其变为现实，确实很难，至今仍未圆满，还须不懈努力。

　　世界万物必有其用，不论是什么物质、材料、产品或商品，都有其作用、优势、特性和长处，都有使用价值、利用价值、观赏价值或其他价值。但是，万物到底有什么用、怎么用、谁来用、什么时候用、在哪里用、用后有什么结果、成果？这是非常复杂的事情，不可一概而论。如何真正体现万物价值，值得我们深度思考。

　　人生是指人的一生，是指人的生存和生活，是指人的生命，是指从出生、成长、生存、生活、发展到衰老的全过程；人生的本质是为了活着，活着才有人生，但活着又为了什么？是享受还是奉献？是因为得到而开心？还是因为付出而快乐？不同的人，有不同的人生，有不同的答案；持不同的答案，就有不同的人生。

　　强与弱、快与慢、大与小、高与低、胖与瘦、老与少，比一下就知道；是与非、对与错、正与邪、好与坏、美与丑、善与恶，比一下就知道；比较法，是行之有效的，面对某些分不清、讲不明的情况，最好采取比较法。俗话说，"是骡是马拉出来遛遛"，因此，单位之间、个人之间的业绩或水平如何？比一比就知道。

做人好与不好是相对的，自以为好人，别人不一定认为你好，朋友认为你好，对手肯定认为你不好；同样，自认为在做好事，别人不一定认为你做好事，朋友认为你在做好事，对手却认为你在做坏事；其实，做人好不好，做事好不好，自己心中有数，别人心中也有数，不要太在乎别人的评价，更不需要对手对你认可。

对上级好，赢得关照；对下级好，赢得追随；对同事、同学、战友、朋友好，赢得友谊；对长辈好，赢得关爱；对晚辈好，赢得尊重；对爱人好，赢得爱情。可见，你不论与谁好，总会有回报，付出一分，可能回报十倍。但是，做人要有原则，绝不能对小人好、对坏人好、对敌人好，否则给你带来后悔、悲伤与灾难。

本我之命，根在小我、成于大我。所谓小我，是指本人的身体和主宰本人意识的灵魂，所谓大我，是指附加在小我之外的各种有形的生活品、装饰品及各种无形的职位、荣誉和形象。规律证明，重视小我者，身体健康、精神愉快，但不一定成功；重视大我者，事业有成、名利双收，而容易出事；两者兼顾，成就本我。

从时间顺序来看，父母的遗传基因、出生前的家庭背景和综合条件，都是先决条件，也是框定的先天之命，无法改变；就是说，父母原本的身体、知识、智商、情商、脾气、性格、经济、生活、事业、地位、人脉、人品、威望与志向等，对子女的出生与成长有一定影响；"出身"是先天之命，好坏命注定，无怨无悔。

命分两种，一是天命，二是本命。天命分先天之命、天时之命和天数之命；本命分本我之命、本身之命和本性之命；决定先天的是基因与家庭，决定天时的是政治与环境，决定天数的是意外与运气；决定本我的是态度与思维，决定本身的是能力与追求，决定本性的是格局与志向。天命天定，本命靠己，努力改变命运。

世界上有的，你不一定全知道；你不知道的，世界上不一定没有；你知道某些人或事的表象，不一定知其本质；你知其当下，不一定知其过去；你知其过去，不一定知其未来。世界太大，个人太渺小，作为凡人，只能了解一点点与自己生存、生活、生产相关的知识，我们要巩固已知，不断求知，珍惜当下，向往未来。

注意安全的人，相对事故少一点、受伤少一点、寿命长一点；注意形象的人，相对形象好一点、文明多一点、威信高一点；注意身体的人，可能运动多一点、休息多一点、健康多一点。注意与不注意，结果完全不一样，因此，不管做人还是做事，尽量多一点注意，只有这样，才能保证素质提升、身体健康、延年益寿。

人生怕无味，有味才人生，既然是有味人生，理当心中有备。过程中，酸甜苦辣咸，五味必须尝，甜也好，苦也罢，酸也好，辣也罢，咸也好，涩也罢，尝遍了，才是真正人生。体验过，做到心中有备，感受过，不再担心发生什么。想得开、尝得了、能享受，才叫品味人生；经得起、挺得住、放得下，才能笑到最后。

回头看，不仅需用眼睛去看，而且要动脑筋去想。如何回头看？不仅需要自觉检查，而且需要不断反省。为什么要回头看？不仅为了防止损失，而且为了自我提升。一生中，有无数次回头看，从生活细节到工作细节，从成长细节到社交细节，从个人全方位到团队各方面，都少不了回头看，可见，坚持回头看，好处多多。

常回头看看过去，看过去的人与事、对与错、盈与亏、成与败、合与分；看过去的上上下下、进进出出、合合分分、是是非非、形形色色；看过去的人情世故、人际关系、分合变化、岁月轮换。看看过去，想想当下，思考未来，看得清、想得明、悟得透，才能认识本质，做到心中有数；只有不断深悟，才能不断进步。

值得回头看的事很多，值得回头看的人也很多，有些事、有些人经得起看，有些事、有些人经不起看。经得起看的事，证明很踏实、很安心、很有成效；经得起看的人，证明很诚信、很可靠、很有缘分。经不起看的事，说明有问题、有损失，也有后患；经不起看的人，说明有误会、没诚信，也有矛盾。回头看确有好处。

回头看，不仅在日常生活，更与人生的方方面面都相关，比如：做题考试时回头看，查查有无答错、漏写？上班工作时回头看，查查有无遗漏、问题？开会讲话时回头看，查查是否漏记、讲错？谈判签约时回头看，查查有无纰漏、后患？月终年初回头看，查查有无损失、疏漏。人生路上，经常回头看，肯定有益无害。

　　产品质量可以证明你的专注与专心，作品质量可以证明你的专长与专业，行为表现可以透露你的素质与品位，观点表达可以推测你的思维与主张。用结果来推断你的曾经与过程，用结局来证明你的努力与智慧，这是最合理、最公平、最有效的办法，也是最真实、最可靠、最完美的回报。正可谓：天道酬勤、金石为开。

　　多数人有做大事、发大财、当大官、成大业的欲望，这些欲望导致内部竞争、市场竞争、职位竞争，也导致意见纷纷、矛盾产生、争斗不断；这些欲望是促进经济发展和推动社会进步的原动力，也是导致相互制约和社会不安的根本原因。欲望是个好东西，也是个坏东西，只要看透悟通、适可而止，一切都将变得美好。

　　先天之命，既成事实，毋傲莫怨，扬长补短；天时之命，因势利导，乱世行道，盛世有为；天数之命，执信其真，时时防范，处处小心；本身之命，根于本身，自觉自律，自立自强；本我之命，源于本我，珍惜小我，淡泊大我；本性之命，决于本性，提升素质，和善处世；身外之命，尊天敬地，身内之命，珍惜保重。

　　天数之命，无可考究，是真是假，无从证明；冥冥之中，若有若无，信则亦有，不信亦无；偶然之果，必然修成，偶然之因，必然结果；意外事故，终有概率，小心谨慎，免受灾难；天数之命，铭记于心，能避是运，遇上是命；心灵明净，可得正气，心中无亏，可驱病疫；多行正道，可防小人，多做善事，可避邪恶。

天时之命属大势所趋，绝不会因个人意志而改变。不论你出生、成长在什么时代、什么政治背景、什么经济基础、什么生态环境、什么社会现象之下，基本原则是适者生存，如果想出人头地，那么先要看懂、弄清、悟透天时，然后顺天而动、应时而为，一般规律是"乱世而逆为，盛世而顺势"，只有这样，方可成功。

什么是"三思"？主要指思危，思退，思变。思危，就是思考之前做的事有哪些过错的地方，存在哪些危险与后患；思退，就是分析当下存在哪些危险，如何回避危险并保证安全、等待机会；思变，针对危险与问题，思考如何应对与突破，一旦机会成熟，立即抓住机遇、努力前行。"三思"也指思前、思后、思当下。

意识主宰思考，思考主宰行为。一个人重视思考、懂得思考、善于思考，比会做事、想做事、敢做事显得更要紧。目标决定方向，思考是确定目标的基础，没有思考就没有目标，没有目标就会迷失方向，如果没有目标、没有方向地做事，那么肯定会瞎做事、乱做事、做错事。因此，不论做任何事情，都要三思而后行。

规　则　篇

"锣鼓听声，说话听音"，在听人讲话时，既要听得懂对方在说什么话，也要听得懂话的意思，更要搞清楚话中的意义、话中的背景、话中的历史、话中的文化和话中的故事；在非原则、无后患、重气氛、走形式的交流聊天中，要懂得随其势、赞其话、把其脉、观其色、顺其意；但在原则与立场上，决不含糊与退让。

话一旦说出去，就犹如泼出去的水，万一说错了，想圆起来很难，想收回来更难，因此，说话要先思后言。如果自己心中没数的，就不要信口开河，如果自己办不了的，就不要轻易允诺；否则，不仅逼得自己进退两难，还会落得里外不是人。社交中，话不能不说，也不能乱说，对于表态性意见，一旦承诺，必须兑现。

一个家庭，如果有一个成员不守信用，就会影响整个家庭乃至整个家族的威望；一个企业，如果有一个员工不守规矩，就会影响企业经营管理乃至未来发展；一群朋友，如果有一个朋友挑拨离间，就会影响朋友团结乃至矛盾激化与分裂。一个家庭、一个企业、一群朋友，好比一锅白米饭，最怕是饭里夹着一粒老鼠屎。

一个人生活过得好不好，自己心中有数；一个人在职场上混得好不好，周边人有数；一个人做人好不好，认识的人都有数。很多人、很多事，要么自己知道，要么朋友知道，要么其他人都知道；因此，有时碰到问题、遇到困难，不要急于求人，只要做好自己，干好自己工作，守住自己人格，自然赢得信任、赢得支持。

懂得计算，是常人的基本能力，也是生活、工作或社交中最基本的需求；玩弄算计，却是非常人的特殊品性，也是生活、工作或社交中最怕遇到的。按理说，人应该懂得计算，但不应该玩弄算计；人都是有头脑的，被算计时，每个人心里都知道，只是不说而已，被算计一次之后，以后肯定会多个心眼，远离算计之徒。

损人利己是生意人，他们唯利是图，为了自身利益不顾他人、集体乃至国家利益；损人不利己是小人，他们心眼小、忌讳心强，千方百计损人，担心别人过得比自己好；利己不损人是好人，他们界限清晰、是非分明，绝不会因利己而损人；损己而利人是伟人，他们为了组织、社会或国家利益，甘愿损己乃至奉献自我。

我们不仅要回头看，更要向前看，看清眼前行走的路，让自己行得正、走得稳；看清前方发展之路，让自己有激情、更自信；看清楚海市蜃楼与鲜花，告诫自己不要被表象所迷惑；看清楚道路崎岖与曲折，提醒自己要排除万难、勇往直前。回头看，是为了总结经验、吸取教训；向前看，是为了增强信心、积极进取。

你在台下看戏，如果演员没有记住你，是因为观众太多而你没有特色；你在台上演戏，如果台下观众记不得你，是因为角色一般而你演艺不精。台下的观众想被演员记住，必须与众不同、带头喝彩；台上的演员想被观众记住，必须演艺出众、角色出彩。不论你是演员还是观众，精湛表演、力争出色或带头喝彩是关键。

某个场合、某个角色、某些特定对象，你不说不是，说多了也不是，没有观点不行，太有观点也不行；拍马屁不行，不懂奉承也不行，没有个性不行，太有个性也不行。特殊场景下，如何扮演角色，如何融入环境，如何表达观点，如何守住人格？不仅是一门技术，而且是一门艺术；不仅要科学应对，还需要理性思考。

每个人都有自己的活法，包括成长方式、生活方式、工作方式、社交方式，绝不能套用某个模板，不能强求用某种方式；但是，在特定组织、特定制度、特定对象的情况下，必须采用特定的规范语言、规范行为去面对、去接受、去应用；这些规范与多元的活法没关系，只是与选择相关，既然做了选择，必须严格遵守。

如果考试偏重理论成绩，就会忽视实操的能力水平；如果考核结果全凭积分表，就会忽视实际的效益效率。如果考试和考核偏重规矩、纪律，就会影响大胆创新、为民办事的积极性。如果过分看重考试、考核或成绩，就会导致投机现象的产生，也会导致讲理论而不实践，混日子而不干事，拍马屁而不作为等现象发生。

成绩有真有假，如何鉴证？最好办法是将成绩与成效、成果、成功、成就相融合，不仅要看当下的成绩单，而且要看最终的实际成效，不仅要看考试、考核或成绩，而且要看实际能力、实干能力或实绩成果。总之，比考试更要紧是能学以致用，比考核更要紧是能为企业增效益、作贡献，比成绩更要紧的是忠诚、奉献。

"过河拆桥"是兵家常用的战术，是用来对付敌人的，也是市场竞争中，在竞争对手身上使用的损招，是在战争或竞争之中，能够有效应对敌方的手段或与对手竞争的招数。但如果身边的"朋友"、部下、伙伴或利益关联方"过河拆桥"，就会让人防不胜防。面对难以预料的变数、不可预测的人心，尽量多留个心眼。

"过河拆桥"的意思是自己过了河，便把桥拆掉，比喻某些人达到目的之后，想独享胜利成果，把曾经帮忙的贵人、同甘共苦的伙伴一脚踢掉。其实，这类事情在现实社会中并不少见，特别在商场、官场上时有发生，当他需要你的时候，看起来十分配合，乖乖听从你，一旦目的达到，马上翻脸不认人。故请注意小人！

退休之后能否获得同等尊重？关键看他在位掌权时是否公正无私、善待他人和积极奉献。退休之后能否继续得到重用？关键看他有无专业特长、能力水平与可用余热。人总有退休的时候，如果健康长寿，退休之后的日子还很长，为了退休之后可以好好活着、活出精彩，请在退休之前好好修炼、好好做人、好好做事。

退休后持续"吃香"的，基本上属于以下四种人：一是自家下一代更有出息；二是培养了一批可信，有出息的部下；三是在位会做人、有威望、愿奉献；四是拥有高深的专业特长。除此之外，退休后很难被人记住，更谈不上"吃香"；"人无远虑必有近忧"，千万不要因为当下威风、"吃香"、众星捧月而得意忘形。

一个人对单位的事执行不认真、工作不积极、思考不主动，那么这个人不可信任、不可重用、不可托付；一个人对自己的事不主动去做、不认真解决、不深度思考，那么这个人缺乏能力、缺乏耐心、懒惰。一个人如果被单位或众人认为不可信、不可用、不可托、缺能力、缺耐心、懒惰，那么他基本上是个无用之人。

某些管理者只会做表面文章、只会应付上级，工作既不深入调研，又不解决实际问题，只会汇报"我对接了、我了解了、我落实了"等等，答应得很干脆，说得也很好听，但实际上能拖则拖、一拖再拖，到了最后，要么不了了之，要么带来后患。这些管理者，表面上看是工作拖拉不积极，实际上是无能、无用、无德。

会想不会说，会说不会写，会写不会做的人，都不是合格的管理者？不管想得多透彻、说得多好听、写得多流畅，都要落到实际行动上，都要通过做来体现、来实现，如果没有做，所有想、写、说都是瞎忙，如果自己不会做、不懂做、不肯做，那就不可能指挥他人做、指导他人做。故此，凡是合格管理者，必须务实。

问题面前的五类人：一是看不出、看不懂问题的人，这是无知愚昧的人；二是看出问题而不说或回避的人，这类是可怕可恨的人；三是只反映问题而不懂解决问题的人，这是简单讨厌的人；四是能认识问题并提出解决方案的人，这是聪明积极的人；五是针对问题既有解决方案，又能解决问题的人，这是智慧能干的人。

　　每个单位都存在无知愚昧、可怕可恨、简单讨厌、聪明积极和智慧能干的人；他们中有不可用不可信的，有可用不可信的，有可信不可用的，有可用也可信的，有可重用更要信的。身为单位负责人，先要分清楚员工属于哪类人，既不要搞混了，更不能颠倒了，然后分别定岗、分类授权、分人而用，这样才有利于发展。

　　私利不如私位，私位不如私名，私名不如私精神，私精神者才能跨入无上境界。私利者追求物欲，讲究物质满足与奢侈生活；私位者追求权力，讲究个人权威与更高职位；私名者追求名誉，讲究人生价值与社会名望；私精神者追求境界，讲究个人奉献与利他。不同的人生观产生不同的欲望与追求，不管如何务必谨选慎择。

　　人人都是自私的，但自私的内涵、形式、目标与格局并非一样，"私"可分私利、私位、私名、私精神等等。斤斤计较、逢利必争、争权夺利的人叫私利；不问好处、为民服务、秉公做事的人志在私位；不求物质、不求地位、不顾得失的人志在私名；不求名利、无私奉献、天下为公并创造社会价值的人，在私精神。

　　要想得到他人认可，自己先要懂得做人、学会做事；要想得到他人尊重，自己先要懂得感谢人、帮助人；要想赢得他人追随，自己必须具有贡献的能力与高尚的品德。做人有很多选择，要想轻松一点，可以选择做平凡的人、过平凡的日子，如果想出人头地、成为有价值的人，必须严格要求自己，必须为社会贡献力量。

一般来讲，考试、考核、成绩是检验成绩最好的办法，但从某些成绩结果来看，依然存在虚实难分、真假难辨等现象，比如：考试结果，可能有抄袭偷看，可能靠死记硬背；考核结果，可能有弄虚作假，可能靠歪门邪道；成绩结果，可能有溜须拍马，可能靠投机取巧。成绩可以代表结果表象，但不能代表结果的本质。

每个人都有自己的需求与想法，都想按照自己的需求与想法去设定未来目标。需求与需求之间，可能有互补，可能有竞争；想法与想法之间，可能相共鸣，可能相排斥。在这个资源共享、优势互补的时代，如何满足需求？不仅需要寻求匹配，而且需要适当付出。如何验证想法？不仅要主动大胆实践，更要向他人学习。

做规划靠根。为什么做规划，做规划为了什么？搞清楚根本问题，才能做好规划。搞建设靠钱。为什么搞建设，是否符合发展需求？投资资金从哪里来？心中有数方可大胆实施。树文化靠精神。不论文艺作品还是文化成果，都不可缺精神，有精神才有价值。搞旅游靠魂。怎样吸引旅客？其核心是魂，缺魂旅游缺人气。

为什么要求同事人品好？人品好，会注意文明礼貌、遵纪守法，会顾及他人感受与集体利益，与这样的人共事，有利团建；人品好，会注重个人素养、懂得忍让，会承担工作岗职与社会责任，与这样的人交往，相对放心；人品好，会注重前途命运、重视事业，会注意人际关系、审视是非，与这样的人合作，相对可靠。

　　人生前行的独木桥上，以亏取赢，靠的是聪明与手段；以争得赢，靠的是实力与胆识；以恶取赢，靠的是强势与霸道。如何看待输赢？每个人有自己的观点与定位，有人认为当下赢就是赢，先赢再说，不管以后三七二十一；有人认为不要计较眼前的小恩小惠，更不能因得小利而失去大义。观点不同，其结局截然不同。

　　人生的独木桥上，赢是赢，输是输，但是，对于特别的事或特殊的情况，赢即是输，输即是赢。所有的输与赢，都要看关联，看长远、看结果。如果为了当下的赢，而不顾一切、不择手段，那么很可能会留有后患并对将来不利；反之，如果多考虑未来或多顾全大局，宁愿当下个人吃点亏，那么有可能会变小输为大赢。

　　如果某个人拼命为自己挣钱，而不关心单位或团队的事，那么这种人只适合做个体户、小老板；单位中如果遇到这样的人，最好的办法是让他干一些能够量化的事，也可让他搞个小承包，而不要对他的协作精神、主动奉献、担当作为寄予厚望，如果误把他为自己拼命挣钱，理解成工作积极努力，那么，肯定带来后患。

　　当下日子过得好不好，都是曾经努力或不努力的结果；未来日子过得好不好，都与当下的思维、行为相关；任何事情都有前因后果，种什么因就结什么果，过去是当下的因，当下是过去的果，当下是未来的因，未来是当下的果。这些是不争的事实，世间万物，都是如此。面对这因果循环的规律，必须从做好当下抓起。

　　朋友、战友、同学、同事之间的关系建立在友情基础上；生意、交易、合伙、合作的关系建立在利益基础上。如果在友情的基础上做生意、谈合作，有可能会带来双赢、共赢的结果。如果利用友情之名骗取对方信任，从而达到自己的目的或获取自身相关利益，那么，轻则违背交易与合作原则，重则违背交友与做人准则。

　　人是群居动物，具有社会属性，人与人之间离不开交流、交往、交易、交际、交涉或交融，就算是独居、隐居，也离不开社会某方面的支持，从生到死的过程完全脱离社会是几乎不可能的。同样的，人的一生，肯定离不开朋友。如何去结交朋友？结交什么样的朋友？怎样鉴定真伪朋友？全靠自己的眼光、能力与智慧。

　　人在发脾气时，可以反映一个人的生性、秉性、人品，可以看出一个人的心态、心情、心胸，可以反映一个人的教养、素质、修养；有人发脾气时，令人害怕，有人发脾气时，令人厌恶，有人发脾气时，令人敬重；有时发脾气，可以理解，有时发脾气，可以原谅，有时发脾气，莫名其妙。可见，发脾气也是一门学问。

　　是人肯定有脾气，面对违背法纪原则、丧失国格人格、不讲信用规则的人与事，大发脾气是应该的；遇到揪心事、烦心事、恼火事时，就算发脾气也可以理解；遇到身体不舒、事业不顺、精神不振时，偶发脾气也是无可厚非的。可见，发脾气是有前提、有条件的，而不能动不动就乱发脾气，否则会被人们视为没教养。

由于人具有独立生存与融于社会的双重属性，由此派生不一样的性格、脾气、想法和做法；有人喜欢独立，有人喜欢依赖，有人两者兼顾，有人切换自如。一般来讲，独立者能立大业，但易败大事；依赖者能轻松度日，但缺少价值；兼顾者进退自如，但很难成功；灵活者日子轻松，但少有出息。人生成败与属性相关。

从某些事实来看，做人与做事之间，特别是做人好不好与做事好不好并没有直接关系。一般看来，做人好不好，其衡量标准是人品、作风、行为、心胸、为人、公私、善恶、口碑；做事好不好，其衡量标准是业绩、指标、能力、水平、人脉、绩效、结果。这是两个不同的范畴与参照物，没办法画等号，理当允许差异。

俗话说，"做事先做人"，只有人做好了，才能将事做好。这个观点正确吗？很难说！此话逻辑有三：一是从正面证明，只有好人才能做好事、办好事；二是从反面推理，如果人品不好，肯定办不了好事；三是从结果倒推，那些能做事、能做好事、能做成事的人，肯定是好人。但事实证明，做人与做事并非完全一致。

2020～2022

励 志 篇

人的信心来自希望，只要有希望，就会有信心，只要有信心，就会去努力，只要有信心去努力，就能将希望变为现实；如果觉得前程完全无望，就会失去信心、放弃努力，最终失去一切；如果对前程不抱任何希望，就会觉得做人没意思。因此，做人可以没钱没地位，但不能没希望；可以失财失权力，但不能失去信心。

军事冲突，灾难不断，优胜劣汰、竞争激烈；世界本质，复杂多变，个人渺小，常常无助；出生之时，开声即哭，磨难迭至，天性早知；人生如铁，千锤百炼，不断淬火，方能成钢；人生如陶，反复拍打，多经炉烤，方能成器；历经沧桑，方知痛苦，历经磨难，方知不易。既然做人，怨恨何用？后悔无药，唯有自强。

落叶知秋，清风送爽，群山多缀，天蓝云高；幽幽鬓衰，凄凄纹皱，英姿远去，壮志锐减；改革云卷，万象多变，守正创新，适者生存；白驹过隙，转眼暮年，不思进取，万事皆朽；天地依旧，社会如轮，百年不易，无为则废；秋后即冬，寒气更深，身心不强，自然淘汰；人生多折，越挫越勇，积极向上，与时俱进。

每个人都有需求，每个企业都有需求，从市场供求角度来看，供给总是瞄准需求并努力去满足需求，但需求跟供给总有差距，如何实现供求平衡，便成了大家努力的目标，在无法满足需求的状态下，很多人选择将就。前行路上，确有诸多不确定因素，确有很多不如意之处，要想满足需求，必须克服困难、努力拼搏。

人生犹如登楼，共有一百级台阶，一年登一个台阶，小心走好每个台阶，才能步步登高，直至登上百步台阶云顶，才有可能在楼顶上修身养性。如果在登楼中踩空，如果台阶腐朽，如果从台阶上跳下来，如果最终爬不动了，如果有人拦住楼道……人生由此终结。人生如登楼，步步皆要小心，过程多磨难，排难上顶层。

"人有悲欢离合，月有阴晴圆缺，此事古难全。"曾经的悲伤、曾经的快乐，曾经的失败、曾经的成绩，终将归于过去；不堪回首也好，不愿回忆也罢，过去的毕竟已经过去，放下过去的一切，是为了当下的生活与快乐，是为了未来的事业与幸福；人生没有退路，没有假如，也没有后悔药，只有积极向上、努力前行。

这是一个靠实力竞争的年代，有实力的企业或个人的前途可能会越来越光明；这是一个靠品牌取胜的时代，有品牌的企业与个人的日子可能会过得越来越好。实力来之不易，需要不断打拼与积累；品牌来之不易，需要不断沉淀与考验。在困难面前，不要埋怨社会，不要急于求成，只有奋发图强、不懈努力、完善自我。

努力后必能取得成功吗？很难说！要想通过努力获得成功，需要具备几大要素：一是正确自我评估，二是明确奋斗目标，三是坚持不懈努力，四是及时完善提升，五是确保与时俱进，六是主观客观相融。各大要素保证前提之下，才有成功可能。如果不去努力，或是缺乏要素，永远不会成功，要想成功，方向必须对！

寒夜凉飕飕，露日暖洋洋，秋风轻轻过，落叶悄悄飘；日月如飞梭，光阴似流星，春夏秋冬轮，转眼已鬓衰；懵懂多嬉耍，不知废时光，生活鞭鞭痛，事业步步敲；略知事一二，世界多奇奥，探究在路上，不追即淘汰；天命花甲醒，深悟悔事多，夕阳自奋发，努力彰人生。寒露已至，初冬不远，若不加鞭，今年蹉跎。

俗话说："求人不如求己。"可见求人是一件很累的事，不仅需要人情面子，而且还要看脸色行事，如果像求人这么累的事都愿意去做，那么积极工作、努力奋斗、争取成功自然是小菜一碟，如果能获得成功与威望，求人的事自然越来越少，即使求人也会变得简单。因此，为了减少求人的苦恼，必须让自己走向成功。

"幸福都是奋斗出来的"，如果去奋斗，当下会很累、很辛苦，奋斗成功了，未来生活肯定很幸福，奋斗失败了，也算为未来努力过，以后不会后悔；如果不去奋斗，不仅没出息，而且没前途，人生等于虚度；做人，要想有价值，要想留点名声，要想未来生活幸福，必须努力奋斗！就算奋斗失败了，做人也无怨无悔！

所有的成功人士，都是有能力、有实力、有水平的人；一时成功的，说明此时有能力、有实力、有水平；一生成功的，说明一生有能力、有实力、有水平；如果时成时败的，说明能力有时强、有时弱、有时高、有时低。用结果来倒推能力、实力与水平，是对人生合理的鉴定与评定，要想经得住评定，争取一生成功。

专心致志干好本行业或本职业的事情，并不是指闭门造车、自以为是，而是指在本行业、本职业中深度耕耘。只有耕得更实、更专、更细、更全、更深、更精，才能实现更好、更优、更强、更大、更美、更高；只有做一行、专一行，才能在做中取胜，在专中得利；只有攻一行、强一行，才能在攻中进步，在强中成功。

看准的事、明确的事、认可的事，不要怕前怕后，不能磨磨蹭蹭，而要大胆践行，尽管过程艰辛，也要努力前行。很多事，如果看准想明而不敢践行，可能会后悔当初，只有勇于尝试，才能抓住机会；很多事，如果只讲理论而不敢践行，最终一事难成；很多事，机会只有一次，只要努力过了，即使失败，也无怨无悔。

穷则思，思则变，变则通，通则达。有些思变源于无奈，在瞬息万变的时代，如果一成不变就将被笑话、被抛弃、被淘汰，人们为了生存、生活和生产，不得不思变；如果在变中获得利益与好处，就会主动接受变化、迎合变化，直至引导变化；如果在变中想错了事、做错了事，就应该吸取教训、及时反思、完善自我。

现实世界，没人理解可怜、没人陪你伤悲，只会相信能力、相信本事、相信成果；所以，不要依靠于人、求荣于人、寄托于人。如果自己撑不住，靠谁也没用；如果自己没本事，求谁也没用；如果奋斗无成果，一切都是空话。因此，必须看清当下，规划未来；必须瞄准未来，做好当下；只有自我完善，才能赢得未来。

最大的工作压力、最窘的经济压力、最烦的精神压力，都是身外附加，当你能承载、能承受、能承担时，尽量担当、尽量熬住、尽量挺住；如果确实无能为力，也要勇于放下；放下不是逃避，退一步是为了进两步，退的过程中，应好好反思、好好规划、好好休整，只要身体健康、精神正常、富有活力，就会东山再起。

如果自己站不住，靠谁也没用；如果自己不肯走，谁背也没用；如果自己不肯学，谁教也没用；如果自己不努力，谁扶也没用。每个人都是独立生存生活的主体，虽然前行路上需要他人支持、引导、关照或帮助，但主要还靠自己思考与努力；如果缺乏主观能动性，就算贵人帮你、扶你、救你，最终还会因能力不足倒下。

人要信天命，天命在冥冥之中，在也许之中，在未解之中，不可违、不可抗，不可不信，也不可全信。要信其有，但不能迷信。不信天命的人，会自以为是、自我膨胀、自找绝路；太信天命的人，会自捆手脚、故步自封、自断前程。人要信天命，也要信本命，要在敬天、敬地、敬人间的前提下，发挥潜能、拼搏前行。

从天时来看，一个人出生在什么年代、什么时代、什么家庭、什么民族、什么国家。不是自身能决定的；一个人出生在什么政治背景、什么社会环境、什么经济环境之下，也不是自己能选择的。这些无法改变的因素，就是天时之命，面对自己无法选择、无法改变的情况，最好办法是懂得适应、顺势而为、实现自我。

明明能说而偏偏不说，证明有修养；明明不想听而耐心地听，证明有度量；明明不能说而敢于说，证明有胆量。什么时候能说而不说，什么时候不想听而听，什么时候不能说而敢说，取决于一个人的智慧与勇气。人要显得大智若愚，但不能被视为傻子，人要做到胆大心细，但不能被视为莽夫。人生成败在于把握得当。

做好自己，赢得人生；做好当下，赢得未来。这是一道命题，也是一个真理，只有做好自己、做好当下，才有实现目标、实现共赢的可能，否则一切皆空；自己做不好，怨人不应该，自己做好了，怨人又何必；不怨天、不怨地，只怨自己不努力，不怨人、不怨事，只怪自己有差距。不断自我反省，才能不断自我完善。

如果地基不扎实，房屋越高越危险；如果根基不扎实，树木越高越危险；如果自身不扎实，事业越大越危险；如果企业不扎实，发展越快越危险。不论是建房、栽树，还是从政、办企业，都要从基础抓起，只有基础扎实，才能不断发展，否则，要么停止不前，要么最终失败。踏踏实实做人，认认真真做事。与君共勉。

要想有所成就，先要获得各类要素，就是如何做到"天时地利人和"，具体来看，就是看懂时代变化、看明环境优劣、看清自我长短，不仅看一时，还要持续看，不仅看当下，还要看未来，在看明看懂看透的同时，还要付诸行动，用敏捷的思维与敏锐的目光，去判断未来发展趋势，做出理性的抉择，坚持不懈地努力。

　　一般来讲，先天之命较好的人，后天本命也会好一点。比如一个人出身的家庭或其父母的学识、经济、地位、基因、身体、品行等方面好一点，那么，其本命的起步也会好一点；但是，先天之命顶多只能影响三十年，未来的人生还是要靠自身，只要肯学、自律、上进与拼搏，以后的日子总会有出息，否则，前程难卜。

　　做人要分得清天命与本命的区别。天命不可违，本命靠自身，俗话说"儿孙不会寻吃的，不能怪祖先坟地不好"，如果因为自己不动脑、不求学、不努力、不刻苦而导致没出息，绝不能怨自己命不好。先天不足，要靠后天来补；天时不顺，要懂得适应；天数意外，要加倍小心。充分发挥本命潜力，总能改善人生命运。

　　要想受到尊敬，必须让自己有出息、有奔头、有水平、有作为、有成就；但是，出息、奔头、水平、作为、成就不是天上掉下的，也不是地下长出来的，而是靠自己不断打拼、不断厉练、不断践行获得的，在此过程中，不知要跌倒多少次、付出多少力、献出多少心血，不论如何，要想受到尊敬，别无选择，只有努力。

　　从因果法则来看，所有人的成长、成功和成就，都与他的发心善意、自愿付出、刻苦努力相关，都与他的主动奉献、善待众生、爱憎分明相关，也与他的血缘传承、姻缘加持、友情辅助相关；如果没有主观努力与客观支撑，也就没有成功的可能；如果没有正心、正念、正行，即使偶然成功，最终也肯定不会有好结果。

求人之时，必将装得可怜、显得谦卑，必将摆出憨笑、低声下气，必将放低身段、溜须拍马，甚至放下尊严、丢失人格。如果将求人的那些手段、精力、时间或财力，用在改善自己、提升自我、奋发图强之上，肯定会让自己变得有出息、有收获、有地位，肯定会赢得他人的尊重，减少求人概率。因此求人不如求己。

"让自己强大起来"，说起来很轻松，但实现起来却非常难。有人说"十年磨一剑"，有人说"一生只做一件事，专注才能成功"，有人说"练得炉火纯青，才是成功人生"。因此，必须懂得潜龙勿用、厚积薄发的道理，千万不要急于求成，而要潜心专注某个专业、某个行业、某个领域的研究与发展，直至成为权威。

"谁强大，谁就是权威"，这是社会现实，也是必然的结果。比如：谁技术高深，谁就是技术权威；谁知识丰富，谁就是文化权威；谁武功高强，谁就是武术权威；谁实力雄厚，谁就是资本权威；谁职位高，谁就是政治权威；谁智慧超人，谁就是社会权威……不论你是谁、从事什么职业，要想成为权威，先要强大自己。

当你身体正常的时候，总觉得有的是时间与精力，该吃时吃、该玩时玩、该休闲时休闲；当你身体欠佳之时，你会突然发现，不仅很多事来不及做了，而且常常心有余而力不足。人总是这样，不到身体欠佳时，总不知如何保重身体，不到时间不够用时，总不知如何珍惜时间。人生短暂，不能白混，既然在世，活出价值。

"塞翁失马焉知非福"，过程中的成败，不能代表一生成败，未来的一切都在变化之中；曾经的失败，也许会变成未来成功基础；曾经的成功，恰恰成了未来失败原因。因此，要用坦然的心态，去面对曾经的失败；要用平常的心态，去看待当下的成功。即使失败，也要努力转败为胜；如果成功了，就要争取不断成功。

如果说"失败是成功之母"，那么有可能成功是失败之"源"；古今中外，很多人在失败中吸取教训、提升自我、完善自我，由此步向成功；同样，也有很多人在成功后骄傲自满、自以为是、夜郎自大，从此日趋衰弱。人的性格或脾气往往在成败时会明显凸显，只有做到"胜不骄而败不馁"，才有可能实现成功人生。

人生的起点都是一张白纸，但所有白纸的纹理、材质、厚薄、大小、颜色、质量都不一样，在荧光下、在水剂下、在强光下，白纸之中、白纸正面、白纸背面，会留下很多痕迹、印迹或标记；也许，这些与基因、先天、家族及父母相关；人生路上，这张纸将留下无数个黑白、是非、成败的印迹，绘制出不一样的人生。

人贵在有自知之明，自己有多少水平、能力、本事，自己心里有数；自己有多少颜值、是否貌美、是否英俊，自己心中有数；千万不要在被忽悠、被抬举中飘起来。自己做对做错、讲对讲错、想对想错，自己心中有数；如果走错了路、做错了事、讲错了话，应该自我检讨、自我修正、不断完善，千万不可以死不悔改。

　　有关坚持到底的定论截然不同，成功的，叫作"坚持就是胜利"，失败的，叫作"不撞南墙不回头"；面对未来诸多未知数，到底能否成功，很难说。有的人在迷茫中选择坚持，有的人在无奈中只得坚持；有的人在坚持中等待时机，有的人在坚持中完善自我。坚持是一种艰难的选择，理性坚持与不懈努力，总会成功。

　　每个人有其生存本事、生活方式、发财门路、升迁之道，他人如何生存、生活、发财和升迁，是他人的本事与能力，不值得你我担心、羡慕、忌妒或猜疑。你看得到的只是事情的表象，而无法了解其内在实质，你看得到的是他人成功的结果，而不知其过程的千辛万苦。其实，向外不如向内，提升自我，才有美好前程。

　　强者手下无弱兵吗？很难说！强者是指能够培养出强大手下的人，这样的领导不仅自己强，而且手下也很强；如果领导自己太能干，而对手下不放心，大大小小事情都由自己来做，这样的强者，只会培养出一群庸才。强者手下到底有无弱兵？不可一概而论，而要因人、因事而定，能够培养出干将的，才是真正的强者。

　　工作是事业的基础，事业寄托于努力工作、勤劳奋斗，如果不做事、不勤奋、不钻研、不省悟，就不可能有未来的事业；可见，好好工作、努力工作、拼命工作，都是奠定人生事业的基石，大力夯实基础，才能筑建事业大厦；如果不愿意为事业奉献，就不可能有美好的未来；因此，凡是心持事业的人，都会拼命工作。

有能力并不一定能成功，成功者肯定有能力；有本事并不一定能取胜，取胜者肯定有本事；我们不要以为自己有能力、有本事，如果结果以失败告终，那么所有的"自以为是"都是浮云；不要为自己的失败找理由，因为同情与怜悯无济于事；在以成败论英雄、用结果倒推过程的社会里，必须成功、必须取胜，别无选择。

"人生自古谁无死，留取丹心照汗青。"从人的寿命来看，最长也不过是历史长河中的一刹那。由此可见，人生能够健康长寿当然是好事，但比长寿更要紧是人生价值。人生价值来自人在世时对国家的贡献力与去世后对社会的影响力，如果人的一生，对国家社会没有做出任何贡献，那么就算寿命很长，又有什么意义？

人的生命可以分成三种类型，肉身生命最长不过百来岁，政治生命最长不超过百年，而精神生命则可以无限延伸。古今中外无数事例足以证明，无数英雄、名家、伟人足以证明，没有一人能做到万寿无疆，而英雄、名家、伟人的事迹、功绩、伟绩，永远铭刻在后人的心中，他们的巨作、诗篇、名言和精神，流芳百世。

从人的三种生命来看，肉身是生命的基础，身体健康、身份正常、劳逸有序和阴阳协调，是肉身快乐与幸福的前提；从肉身的作为与价值来看，一个身心健康的人，应当积极生活、勤奋好学、勤劳工作、敢于担心、自愿奉献，这样的生命，才会显得有作为、有价值，才有可能附加政治生命，才有可能升华成精神生命。

人人都希望健康长寿，但人生过程中免不了疾病灾难，当遇到无法回避、过不去的坎时，只能认命；特别是当遇到比生命更有价值的大事时，只能献出健康与生命。人人都希望好好活着，都希望长命百岁，但生命的价值并不是用寿命长短来衡量的，而是以奉献与精神来评定的，比如雷锋，虽然生命短暂，但精神永铸。

与其花时间、花财力去求人，不如花心思、花精力提升自我。只要自身综合实力强，就不怕人家不给面子；只要自身综合素质高，就不怕别人不看重你；只要自身综合形象好，就不愁他人不佩服你。不要怨他人看不起你、不关心你、不重用你，而要怨自己没做好、没实力、缺形象，要想改变他人评价，先要改善自我。

做任何事，都要看有无价值，有价值的事主动大胆地去做，没价值的事最好不要碰；价值是每个人心中的一杆秤，各自定位、各作评估、各有轻重。一般来讲，凡是对国家、社会、民众、组织、朋友、家人或自己有利的，应该是有价值的，但价值也会被某些人所否定，不论如何，人们都会为了实现心中的价值而努力。

有些折腾是人的主观意识造成的，比如：想创业、想发财、想进步、想发展、想成功等等。不折腾不行，只好主动折腾。有些折腾是客观环境所逼的，比如：国际环境、国家环境、地方环境、产业环境、行业环境，外部环境、内部环境、意外状况等变化。如果不折腾肯定不行，如果被折腾更不行，因此，必须折腾。

不论你是谁，不管你贫富贵贱，你的一生中，都会发生这样或那样的事情，都会遇到这样或那样的人，都会历经生老病死的过程。这些无法回避的问题，只能靠自己正确面对生活事实，正确面对外界变化，正确面对各类结局，更加坦实地做好自己，更加正向地改变影响，更加努力地克服压力，更加自信地迎接未来。

一般来讲，人的天命是指人出生之前就锁定的事实，或出生之后遇到的事实，既然是已经发生、正在发生的事实，就只能认命，因为"天命难违"；地命可改，"孟母三迁"就是为了找到适应生存、生活、成长与发展的地方与环境；人命主要靠自身把握，想改变命运、实现目标和事业发展，必须踔厉奋发、笃行不怠。

智 慧 篇

何为智慧？世人有云：智者聪明，慧者聪明；智慧本义，远胜聪明，智慧本质，远超聪明；智的格局，海纳百川，慧的境界，登峰造极；知日为智，知指知识，日如时间，知行合一；彗心为慧，彗为扫帚，心为胸怀，光明磊落；智生于脑，慧源于心，心脑相融，可称智慧；智明事相，慧得事理，智慧成睿，方得金刚。

聪明与智慧的差别有哪些？有些聪明人紧盯眼前利益，处处利己，逢利必争，结果因争而损名声；智慧者放眼未来发展，处处利他，不计名利，结果因忍让而赢威望。有些聪明人损人利己，结果聪明反被聪明误；智慧者以帮人奉献而舒心，以行善积德而安心。聪明与智慧差别在于胸怀，想成为智慧者，先要提升境界。

情商高的人，能力较强，性格外向，主动交往，大胆做事，心胸开阔，偏重战术；智商高的人，水平较高，性格稳重，接受社交，善于思考，气度不凡，偏重战略；情商智商双高的人，必然能力强、水平高，性格综合，显藏自然，胸怀大志，颇有城府，应对自如，大气真诚；情商智商双弱的人，处处相反，平庸一生。

天下事多，时间有限，平衡利弊，择事而为；社会人多，精力有限，了解彼此，择人而交；环境多变，能力有限，事态难料，三思慎行；时代发展，水平有限，努力跟上，坚持不懈；疫情袭击，市场突变，冷热不匀，胜少败多；疫情退散，前景光明，理性应对，力保平安；人生前行，一波多折，攻坚克难，一切变好。

人的境界，可分五层，不同境界，不同层面；基层境界，基于生存，追求活着，顾及自我；二层境界，基于生活，追求安稳，顾及家庭；三层境界，基于文化，追求修养，顾及周边；四层境界，基于精神，追求价值，顾及社会；五层境界，基于灵魂，追求信仰，顾及未来；不同境界，不同层面，境界升华，层面提高。

人生前行犹如登山，如果将山顶当成最终目标，很容易为自己到达山顶而沾沾自喜、骄傲自满；自满与炫耀之余很可能是失落与无聊，很可能做出错误决策，很可能由此带来后患与损失。"月圆则亏，水满则溢"，前行过程中，要设小目标，也要设大目标，不论目标是什么，不管目标是否实现，都要给自己留有空间。

灵魂之词，解释颇多，观点不同，释义不同；哲学灵魂，宗教灵魂，科学灵魂，各有其意；政治灵魂，道德灵魂，教育灵魂，目的不一；灵魂精神，同源同体，相同非同，相似非似；灵魂附生，随生而附，随命而散，散聚随缘；精神延生，随长而生，随命而延，命终而留；灵魂有道，精神有能，引导正道，倡导正向。

不怨天，因为怨也白怨，既然怨也白怨，不如干脆不怨；不怨地，因为可以迁移，既然能够迁移，不如干脆不怨；不怨人，因为可以回避，既然能够回避，不如干脆不怨；不怨己，因为可以改善，既然能够改善，不如干脆不怨。怨是对曾经或正在发生的外部或内心的遗憾、悔恨的反应，怨无任何好处，无怨才叫智慧。

何为世界：自然物质，人类社会，精神领域；精神之源，源于灵魂，灵魂精神，同源同根；精神物质，孰前孰后，主义不同，观点不同；物质不灭，精神依存，同生同归，非前非后；精神世界，人类独享，万物之外，无处不有；精神意识，认识世界，改造世界，主宰世界；精神寄托，托于境界，追随境界，升华境界。

灵魂何物？无影无踪，无形无色，是物非物；附于人体，融于生命，主宰身心，主宰行为；所谓灵魂，精神意识，思想人格，道德品质；灵魂功能，左右感情，协调性格，梳理心脑；灵魂作用，适应变化，产生理念，树立理想；灵魂之词，源于原始，用于哲学，传于宗教；灵魂之源，暂无考证，灵魂之终，暂无结论。

从哪里来？到哪里去？终极问题，谁能解答？探索宇宙，研究世界，探索人类，研究灵魂；万物有源，源从何来？人类有灵，灵从何来？浩瀚宇宙，不知尽头，繁华世界，未知源头；宇宙之基，基于粒子，灵魂之源，源于何物？粒子聚散，生死互变，灵魂聚散，随缘而衍；聚散有道，生死在缘，放下执念，把握当下。

把坏人往好里想，迟早会给你带来痛苦；把好人往坏里想，始终会给你带来烦恼；与其为给你带来烦恼的人烦恼，不如将烦恼还给给你带来烦恼的人。有些事、有些人，已经既成事实，烦恼何用，担心何用？俗话说："是祸躲不过，躲过不是祸。"不论是祸是福，反正就是这么一回事，与其坐以待毙，不如主动应对。

理念相似、目标相近、资源相辅是人际交往缘分的基础，有缘才会相聚，相聚才会相识、交友、合作；没有缘分不可能聚在一起，即使偶遇、相聚与相识，也不会变成相交、相辅与相融；即使有了交情，也会因琐碎矛盾而不欢而散。是否有缘，谁也不知道，但一旦相识，就会知道彼此是否有缘分，愿有缘人共享共赢。

"财神爷只会进整洁、有序的家庭"，有人认为这句话是迷信，其实并非迷信。因为家庭整理得干净、有序的人，都是勤快、健康、乐观、爱清洁、讲卫生、有教养的人，正因为他们健康、勤劳、乐观、有教养，才会积极向上、认真工作、不懈努力。这样的人，自然会慢慢积累起财富；这样的家庭，就会迎来财神爷。

你过得好，有人高兴，有人生气，有人无视；你发了财，有人道喜，有人妒忌，有人不闻；你升了职，有人祝贺，有人猜忌，有人淡然；你出了名，有人捧你，有人扁你，有人回避；你的举动，总有褒贬，是是是非，心中有数；活在社会，百态常见，宠辱不惊，方见平常；各有活法，各有想法，何必强求，大度安康。

人不卫生，样子邋遢，有损形象，影响人脉；人不勤奋，缺少知识，不懂进取，一生平庸；人不敬业，工作偷懒，不敢创新，没有出息；人缺爱心，没有朋友，不合人群，缺乏威信；人缺孝心，不如羊羔，不懂天理，会遭雷劈；人不廉洁，假公济私，贪得无厌，迟早出事；人要自检，及时反省，保持清醒，能保平安。

世界万物，多为两极，善恶对立，阴阳相抗；水可养人，也会害人，缺水没命，水灾遭难；火可助人，也会杀人，缺火难活，火灾伤命；时代进步，也不例外，推动发展，带来灾难；交通发展，网络建设，核能应用，无不如此；带来幸福，亦有事故，带来福祉，亦有灾难；万物两极，全靠求衡，失控遭殃，驾驭前行。

听风即雨，过于草率，听风非雨，过于简单；风雨相关，并非必然，风雨无关，也非偶然；听风非风，声可模仿，看雨非雨，形可制造；世界万物，多有关联，万物关联，偶有变数；知其表象，观之思之，究其本质，悟之考之；未知真相，哪知是非，未知是非，不敢作结；世界在变，静观其变，社会在变，以变应变。

俗话说："活到六十六，事情未学熟。"我都快到六十岁了，对很多事、很多人就是学不懂、干不了、想不通、看不懂、看不透、看不准。就是因为事没学熟、人未认清，结果落得"农夫"、"东郭先生"的下场，不但被魔鬼所逼，而且带来损失与后患。俗话说，"活到老，学到老"，前行的路上，理当三思而后行。

对善良的人来讲，人性本善，理当坦诚相待、友好相处；对凶恶的鬼来讲，鬼性本恶，肯定凶恶残忍、骗人害人。好人总希望与好人打交道，彼此尊重、互相帮助、共享共赢；现实中总叫人防不胜防，一些魔鬼装扮得人模人样，混进人群之中，使出阴招怪招，置人于死地。做好人是必须的，但也要辨析人群中的魔鬼。

　　想象中，未来很美好、很快乐、很幸福，因此你会努力前行，但现实并非如此，不论你怎样努力拼搏，一路上总是风雨交加、艰难风险、变幻莫测；想象中，与你交往的人们应该是善良的、坦诚的、可靠的，但现实并非如此，交往的人中有好也有坏、有善也有恶、有真也有伪。正可谓："理想很丰富，现实很骨感。"

　　到底是你围着他人转，还是他人围着你来转？看表面只是转来转去，但有本质区别，前者是你被领导、被管理、被指挥、求助人，后者是你领导人、管理人、指挥人、指导人、帮助人；前者可以证明你此时在努力前行，后者足以证明你此时取得成绩或者你已经成功。为了达到后者的目标与境界，必须奠定前者的基础。

　　人生路上，难免有所求，求的途径、方法、内容很多，有向上下、向内外、向前后或向左右，有为知识、为生活、为进步或为发展，有因遇急、因遇灾、因遇困或因遇坎。不论求什么，不论怎样求，途径要合法，方式要合情，内容要合理，态度要诚恳；只有用心换心、用情交情、以理还理，才能求之有效、求之有果。

　　当机会到来时，会有很多人同时去抢，抢的过程中，主要靠水平、能力、人脉与实力，靠精心筹划、静心等待、紧急应变与要素保障；如果单凭投机或靠运气、心态去碰，或者靠朋友来帮忙，那是不可能成功的。看表象，机会面前人人平等，其实非然，机会只留给富有远见、严阵以待、反应迅速、不懈奋斗的人们。

任何人做任何事，如果启动简单草率、过程马虎应付、遇事回避隐瞒，其结果肯定有麻烦、有后患；如果深入调查研究、认真积极应对、注重实施细节、及时修正完善，那结果会相对平安、高效。同一个人，用不同态度，做不同的事，或者不同的人，用不同的态度，去做同一件的事，其结果完全不同。态度决定一切。

不说话不等于是哑巴，说话控制不住说明自身素质欠缺。有时候，只怕被人误认为哑巴，只想表达自己的观点，一不小心控制不住话匣子，很容易说多了、说过了，很容易得罪人。不论为了生存，还是为了生活，不论为了工作，还是为了事业，大家都不容易，互相谅解，一切均会变好，故有时要多点认同、少点责怪。

文章的水平如何，主要在于读者的评价，如果一看就明白，说明文章太简单了；如果读者都看不懂，说明又太深奥了；最好的文章是初读有点懂，重读基本懂，深读知真谛。交朋友也一样，一眼被看穿了，说明他太没内涵；如果深交也搞不清楚，说明隐藏太深；逐步了解、交往，慢慢成为朋友、知音，才算是真友情。

"说你好，你就好，不好也好；说不好，就不好，好也不好。"也就是说，企业好不好，要看政府或员工认可不认可；商品好不好，要看市场与顾客认可不认可；干部好不好，要看领导和群众认可不认可；做人好不好，要看友人与他人认可不认可。这是一个被认可的时代，不要自评是非与对错，能获得认可才是成功。

好与不好，有时很难定性，原因与标准相关、与要求相关、与关系相关、与规则相关、与时期相关；对与不对，有时很难确定，原因与角度相关、与利益相关、与观点相关、与立场相关、与主义相关。由于好与不好、对与不对的定性会受诸多条件与因素影响，因此在好与不好、对与不对难以确定之时，务必慎重判断。

好事不一定是好事，你认为是好事，别人不一定认为是好事；你的好事，也许会给别人带来负面影响；虽然现在是好事，但未来不一定是好事。以此类推，坏事不一定是坏事，一旦遇到坏事，要吸取教训、提高警惕、注意防范，当下遇到小坏事，可以减少今后发生大坏事，现在产生小损失，可以避免今后遭遇大损失。

自由自在叫生活，自觉自律是人生。如果自由自在地追求生活而忘了自觉自律的人生，那么很容易因生活偏离轨道而犯下人生大忌，很容易失去生活本身而不再自由自在；生活是人生一部分，生活就是人生，处理好自由自在与自觉自律的关系，就是平衡好生活与人生的关系，彼此相融相辅，才有美好人生与美好生活。

如果连自己有多高水平、多大能量、多少实力都搞不清楚，那就不要轻易卖弄、不要随便表态、不要发表观点，否则被人笑话；如果连对方到底是谁、关系如何、有何需求都未搞清楚，那就不必主动热情、不要透露底细、不要马虎应对，否则定会吃亏。读懂自己难，读懂他人更难，读懂自己是强者，读懂他人是高人。

听起来是真的，实际并非如此；看起来是真的，本质并非如此。天下很多事、很多人大抵如此，如果常常被"真的"所迷惑，就会浪费很多精力、时间与财力；光阴有限、精力有限、财力有限，如果被表象所忽悠、所折腾、所欺骗，那就对不起自己、对不起事业、对不起人生。能听得出真假、看得清是非，才是智慧。

寓言故事，蚂蚁与大象（之一）：大象出行之时，经常踩到草丛中的蚁穴，造成大批蚂蚁死伤，蚁后主动找到大象，说自愿给大象当向导，让大象找到很多粮食，大象听了很高兴，在蚁后的引导下，大象踩踏了大量庄稼，造成大批百姓损失惨重，百姓害怕大象而抛荒，荒田成了蚂蚁王国，蚂蚁在此迅速繁衍。

寓言故事，蚂蚁与大象（之二）：荒田中布满蚁穴，因常遭暴雨、洪水袭击，蚂蚁只得搬家，但不管搬到哪里，都会因外部侵袭造成损失。于是，蚁后又找到大象，说自己对大象找粮食有功，要求将蚁穴建在大象背上，大象默许，此后大象背上的蚁穴星罗棋布，但有时也因大象转身、站立、快跑，不少蚂蚁掉落死伤。

寓言故事，蚂蚁与大象（之三）：蚁后觉得建在象背上的蚁穴不安全，于是悄悄地爬到大象鼻孔内建起蚁穴，由于大象鼻孔大，一直没把鼻内的蚁穴当回事，可是蚁穴越建越大，几乎影响到大象呼吸，导致大象气喘吁吁。于是，大象开始打喷嚏，将蚁穴连窝喷出鼻孔，导致蚁群严重损伤，蚂蚁与大象的关系由此变僵。

如果你表达的内容不是他人想听的，如果你表达的心意不是他人想要的，那么你讲得再好也是白讲，你做得再好也是白做。有时候，要学会"在什么山头唱什么歌"，讲话是这样，做事也是这样，首先要看对象、看场合或看需求，讲人家想听的话题，做人家想看的事情，才能够产生共鸣与共识，才会赢得认可与支持。

世界很大，不一定有你一席之地；市场很广，不一定有你用武之地。别以为自己能量多大，如果没有一席之地，再强的能量也是白耗；别以为自己水平多高，如果没有用武之地，再高的水平也是白玩。能量要靠体现，水平要靠展示，如果不能体现与展示，一切皆虚假。要想有所作为，必须努力体现与展示能量和水平。

别以为那些通过歪门邪道或见不得人、违法乱纪等手段发财发达的人很厉害，别看他们一时富有或得势，那不过是昙花一现，必然是众矢之的。不择手段的偶得，会给其人生留下抹不去的黑点，不可能漂白，不可能持续，不可能拷贝；人类社会讲究和谐、共赢与可持续发展，只有乖乖做人、踏实做事，才有美好前途。

如何思考问题？答案既简单又复杂，简单的是每个人都会思考，也都会将思考结果付诸行动；复杂的是大多数人并没有正确地、全面地、透彻地思考问题，没有几个人的思考结果经得住反复推敲与历史考验，没有几个人能够将正确的思考结果落实为正确的实施成果。总之，人人都会思考，但真正善于思考的人并不多。

人的大脑是用来想人想事与思考问题的，但不能乱想、乱思考；如果什么都不想、什么都不思考，大脑肯定会生锈、会迟钝、会落后；如果整天胡思乱想、想入非非，肯定会神经错乱，会发疯、发呆。人不能没有想法与思考，也不能想法太多、胡乱思考，没想法、不思考的人没出息，想法太多、思考太偏的人没前途。

淡定是大气的基础，大气是淡定的体现，一个淡定的人，肯定知道大气是什么，知道自己应该干什么；一个大气的人，肯定明白淡定的重要性，肯定知道淡定会带来什么；不论是淡定，还是大气，都会表露自己自然、随心、忍让、大度、顾全大局的胸怀。人，要想融入社会，要想被社会所认可，必须彰显淡定与大气。

"理念变，世界变"，这不是唯心主义，而是主观意识对客观事物的认识方式、认识程度发生了变化，是主观意识变化的结果；也许，时间还是那段时间，空间还是那个空间，当人的理念发生变化之后，会发现时间长度变了、空间大小变了，由此可见，当主观意识发生变化后，客观事物会因主观意识的变化而被变化。

明明是同一时间长度、同一空间大小，为什么会有不同答案呢？可能不同的人有不同的思维、不同的要求与不同的定位；可能同一个人在不同的时间段受不同心情、不同情景、不同对象、不同气候等影响，理念、需求或境界发生变化，由此产生不同的答案。心若变，时空常变；心不变，时空依旧；守住心，守住世界。

特别理智的人，永远不成功；特别冲动的人，肯定会失败。人需要理智，也需要冲动，该理智时理智，该冲动时冲动。如果该理智时冲动，结果肯定失败；如果该冲动时理智，结果不会成功。人生靠冲动进步、靠理智防御；有进步而忽视防御，没有结果；有防御而忽视进步，原地踏步。只有科学把握，才有成功可能。

人会"生锈"？是的。如果长期不走路，脚会"生锈"，以后想走也走不动了；如果长期不动手，手会"生锈"，以后动手能力明显下降；如果长期不说话，嘴会"生锈"，以后连舌头也不听话了；如果长期不动脑，脑会"生锈"，会变得脑筋简单、反应迟钝。如何防止"生锈"？多走路、多动手、多说唱、多动脑。

"道生一，一生二，二生三，三生万物。"道是世界变化的根源，没有道，就没有一，也就没有万物，可谓道生万物；万物有周期，周期过程是客观变化，万物有灵性，灵性表现是主观变化；道是质变之根，也是质变之末，万物随道而生是量变，万物逆道而长会质变，量变是叠加，质变是颠覆。顺道而为，方可繁衍。

"真的假不了，假的真不了"，所有的人与事都有本相，只有本相才是真的；即使本相被表象蒙蔽、被人为改变、被谣言所乱，事实也终究会在时间的长河中洗去伪装、露出本相。当然，本相也会随时间、环境、事态和人的状况变化而变化，本相的意义，也会随社会、政策、时代的变化而变化，因此，要善于识本相。

世界是变化的，变化是永恒的，是肯定的。导致世界变化有主观或客观的因素，有偶然或必然的现象，有形变或心变的表现，有量变或质变的结果。人们所见的所有偶变现象都是内在力量的必然反映，所有的必然结果都是无数个偶变后的呈现。到底什么是导致世界变化的根源？那就是"道"，包括天道、地道、人道。

所有能发达、能高升的人都与其努力付出相关，但并不是所有努力付出的人都能发达、能高升；努力只能代表你的主观能动性，而不能代表你的知识、能力与聪慧，不能代表你的意识、作风、行为是符合客观规律的，更不能代表你是接天气、接地气、接人气的。所以，要想获得成功，除了努力之外，还需要要素支撑。

同样的观点，出自不同人的口会有不同效果。如果出自名人之口，即使是口误，也有人叫好；如果出自失败者之口，就算有道理，也会被人嘲笑；有时候，观点是否正确、能否得到认同，与观点自身无关，而与表述人、表述场景、表述对象相关。因此，要想得到他人认同，不仅要有水平有想法，更要提升自身影响力。

每个人都有自己的观点，每个人都有表达观点的权利，但是，你的观点能否被认可，取决于你的水平、见解、资格、地位、权威与影响力；想表达自己的观点时，先要进行自我评估，再看场景与对象，觉得有人关注与认可，那就大胆表达，担心没人理睬与支持，那就乖乖闭嘴。只要修好内功，你的观点总会赢得称赞。

人们在多项选择中做出决定时，总是不断思考、反复比较、慎重选择，过程中，足以看出一个人的聪明、阅历、胆识与智慧，足以看出一个人的忠奸、敌友、善恶与心态。在只有唯一的可选项没得选择时，人们总会庆幸自己运气真好，还能遇到仅有的机会；如果有多人竞争唯一的机会，就会充分暴露人性的深层本质。

生命之源，源于天命，生命之长，长于地命；生命之活，活于人命，生命之寿，寄于身心；动能健身，静能养心，动静有序，方为养生；生活有规，养生有序，晨练保心，暮练有度；动不过度，静不过久，动靠静养，静靠动活；长活常动，常动长活，常养长寿，长寿常养；天地人命，效法于道，依道而生，健康长寿。

2020~2022

社 会 篇

宇宙广博，无所不有，物显可视，物隐探知；万物变化，必有规律，变化难测，但有规则；世界奥秘，无奇不有，人类奥妙，思维无规；意识非物，变化无穷，灵魂无形，始终未知；社会之乱，乱于贪欲，社会之杂，杂于人性；贪欲不止，世界不安，人性不善，世界必乱；善恶之源，根在灵魂，灵魂仁慈，世界太平。

天混地沌，盘古开天，清者为天，浊者为地；天地交融，滋生自然，天地契合，滋生道法；阴阳交错，滋育万物，阴阳精华，滋育人类；天地无常，万物多挫，环境多变，适者生存；生命繁衍，喜乐融融，亲人别离，伤悲凄凄；有生有死，自然规律，有聚有散，无可奈何；清明时节，寄托哀思，缅怀英烈，追念故亲。

经济社会，关系复杂，竞争合作，因需而定；市场环境，竞争激烈，主张公平，顾及情面；企业运营，重在用才，因事选才，因才定薪；内外竞争，重在成果，外看业绩，内看忠诚；经济发展，重在业绩，市场竞争，重在实力；发展过程，顾及情谊，情谊过重，影响发展；为了生存，追求经济，为了生活，融入社会。

如果不跨入社会，与他人、与团队、与组织、与社会格格不入，就会被他人所遗忘、被社会所抛弃，就会因为被视为另类而痛苦；一旦步入社会之后，就成了社会的人，与社会紧紧交融一体，融入得越深，陷入得越深，受关系左右的程度越深，越是没有自由；步入越深，场面越大，受影响的范围越广，越会失去自由。

　　社会因为人们的不断折腾而不断产生变化，如果初衷与目标都是正确的，方法与措施也是有效的，那么越折腾社会越进步；如果初衷与目标是正确的，而方法与措施不当或搞错了，可能因为折腾带来后患；如果初衷与目标是正确的，但被坏人所误导或利用，那么方法、措施越有效，后果越严重。可见，折腾要讲科学。

　　中国制度，逆境可鉴，自信高效，优势显著；中国力量，灾中凝聚，举国同心，共克时艰；中国速度，瞬间应急，雷火之神，可传佳话；中国驰援，八方集结，天使天职，举国相助；中国道路，坑洼踏平，窄弯见阔，康庄大道；中国文化，中华血脉，热血齐心，石榴抱子；中国理论，铭记初心，强国之梦，恩泽百姓。

　　雷锋不言，默默奉献，甘做螺钉，不争名利；雷锋走了，精神留下，激励时代，前仆后继；雷锋日记，真诚可贵，为民服务，奉献国家；雷锋榜样，时时可闻，处处可见，人人争做；雷锋名字，始终响亮，灾难之时，更加洪亮；雷锋后人，牢记榜样，传承纪念，继续发扬；雷锋精神，代代相传，好人涌现，风清气正。

　　疫情如令，天使担当，义工志愿，全民行动；天使英勇，日夜奋战，献身病倒，时代英雄；献血捐助，好人涌现，驰援疫区，事迹可赞；义工请缨，志愿逆行，自觉担当，值得尊敬；一线人员，无怨无悔，群众百姓，自觉配合；天灾之难，各负其责，救人自保，各行其道；党政担当，不惜代价，公仆尽责，人民大幸。

历经沧桑，珍惜生命，历经磨难，珍惜时光；历经疫情，证明制度，历经抗击，证明国力；国家强大，百姓安全，受人尊重，国人自豪；政策引领，群众拥护，国有希望，民有前途；民族伟大，人民自信，受人艳羡，心感骄傲；干部尽责，百姓支持，地方兴旺，百姓乐业；天不赐恩，靠党引领，地不赐福，靠民拼搏。

温州，顾名思义冬天不寒、夏天不热；温州，可解释为温润之州、温和之州、温馨之州、温情之州；温州人，热情友善、性格温和、家庭温馨、人有温情；温州七山二水一分田的环境，造就了温州人特别能冒险、特别能吃苦、特别能创业的精神。大多温州人性格有双重性，事业上敢为天下先，生活上追求温和与温馨。

从硬需求到软需求、从量需求到质需求、从需求拉动到供给拉动，表面上是市场环境变化，其背后是生产力不断发展、生产关系不断完善、生活质量不断提升、人民对物质文化不断追求所带来的变化，其本质充分反映了制度的优越性、领导的正确性、和平的重要性，只有坚持不断深化改革，国家的未来才会越来越好。

手机原本只是一种移动通信工具，现在却成了国人生存、生活、工作的必需品，甚至成为无数人的依赖，当下，大多数人一旦离开了手机就无法正常生活与工作，甚至无法生存。长此以往，社会慢慢出现"爹亲娘亲不如手机亲"的窘境。手机只是一种工具，如果陷入被手机所逼、所困、所绑的境地，就要好好反思。

依赖性越强，自由性越差，不论是什么、做什么，都是这个道理，比如，对药品或器械依赖性越强，那么当他失去依赖物时，自由程度将明显降低；同样，一个人对手机的依赖性越强，他的自由程度也会明显降低，不仅在离开手机时，无法交际、无法通信、无法支付，而且在使用手机时还会面临各种信息安全的风险。

从自身岗位认识社会，还是从单位角度认识社会？从区域变化认识社会，还是从国家发展认识社会？从地面观察社会，还是从高空俯瞰整个社会？角度不一样，视觉也不一样；过程不一样，结果也不一样。要想真正了解整个社会，不仅需要用多角度、多维度的视角去认识，而且需要用动态、辩证、发展的思维去感悟。

当你还搞不清过去到底怎么回事时，不如放下过去关心当下；当你还搞不清当下如何面对时，有人已开始研究明天与未来。社会就像一列高铁，容不得你迟钝、容不得你等待、容不得你观望，你常常只能匆匆思考、匆匆展望；社会就像一个密室，到底有多少奥妙、多少深度、多少复杂，永远搞不清楚，只能淡定面对。

有人说，最好的政绩是迎合领导，最好的销售是迎合市场，最好的求爱是讨好丈母娘。无数案例证明：功利会冲昏很多人的头脑，他们不顾百姓想法、不管产品质量、不问对象意见，只求实现自我目标。由于某些投机行为能讨好领导、能满足需求、能得到利益，一些人就扭曲了人格，长此以往，将会对社会产生很大危害。

人来到世上是客人，有来必有走，这是自然规律，也是不变定律，就算活到一百岁，终究也要离开这个世界。人既然是世界的客人，应该承担起做客人的责任与义务，也就是说，人要对世界负责，你在这个世界中的一举一动、一思一想、一成一败，都会被世界所记录。为了不辜负这个世界，理当好好做人、有所作为。

社会上，确实有一些"过桥拔桥板"的人，某些人用得到你的时候，千方百计地巴结你、靠近你、迎合你，显得真诚可怜，一旦事情办妥之后，要么连人影都找不到，要么在背后整你、害你、损你。按理说，支持他人是应该的，但当一些人莫名其妙地靠近你、巴结你时，需要多个心眼，以免碰到"过桥拔桥板"的人。

人人都应有感恩之心，当你得到贵人提携时，理当表示感恩，当你得到他人支持时，应该表示感谢，否则，你将会成为忘恩负义之徒。如果一个人知恩不报，等于断了后路、丢了名誉、失了信任。别以为有人"过桥拔桥板"依然活得不错，总有一天当他再次遇到困难之时，不会再有人愿意相助，这是天道轮回的结果。

多数人的一生，都会遇到几个贵人。贵人从哪里来？一是上辈或家人修来，二是自己修来，三是因缘而遇，四是他人自愿渡人。但为何有些人一生中都遇不到一个贵人？原因就是上辈缺修、自己缺修、缘分未到、他人不愿；人生有无贵人提携或相助，其结果完全不同，如果遇到贵人，容易实现目标，否则，很累很难。

每个人都有个性，但是所有的个性应当基于共性之上，如果偏离共性、脱离共性、违背共性，那么这样的个性轻则被人视为古怪，重则被人视为另类；人需要个性，更需要共性，按 80/20 法则来分析，在 80% 的共性基础上，融入 20% 的个性，比较合理。共性聚合，有利和睦，个性突出，有利创新，两者相融，有利发展。

任何一个人，在他平常的生活、工作或交际中，其行为、语言、性格、思维等方面，显得自然、平常、随和，那是正常表达、表现与表演；如果遇到形势、环境、沟通、事业、精神、身体等方面突变或意外，他的行为、语言、脾气、思维等方面，都会发生量变或质变，不论怎样变，都是为了应对变化，都是正常反应。

发脾气是人的一种基本情绪，那些修为高、境界高、威望高的人，也有发脾气的时候。一般来讲，他们不会无缘无故地乱发脾气，不会因弄权而发脾气，不会因私利而发脾气，不会因小事而发脾气；但是，他们在面对那些违背国格、违背法纪、违背道德的事情时，为了主张爱国、主张法纪、主张正道，也会大发脾气。

"阴阳法则"中的主要法则是对立统一的法则，就是既相吸，又相斥，既相融，又相抗，既相依，又相冲；既不可缺，又不可多，既离不开，又合不拢，既相牵挂，又难相融；"阴阳法则"中的关键法则是吸引力法则，阴阳相吸，带来阴阳之间相融相合、相依相靠的必然结果，这个结果衍生万物永续，促进社会发展。

没有盲道，盲人自然不敢乱走，至少不会出现人身安全问题；如果有盲道而不规范、不平整、不完整，特别是盲道被占用、有陷阱，那么轻则无法前行，重则致人死伤；视障人士应当享受出行权利，既然城市建设有盲道的要求与标准，就请设计、建设、监理、城管等部门引起重视，也请健康的人给视障人士留一条路。

按理说，盲道是城市建设中必备的设施，没有配设盲道的人行道，不能通过验收，盲道设施必须保护，任何单位或个人，不得占用或破坏。但事实并非如此，某些城市在建设中不重视，在验收中流于形式，在应用中没有人当回事，在治理中互相推诿，特别是某些建筑单位，更是我行我素。在此呼吁有关部门引起重视。

特别有爱心的人，肯定是富有又成功的人，即使物质并不富有或事业并不成功，他精神上肯定也很富有、交友上肯定也很成功；忌妒心特别强的人，永远不会幸福，也不会成功，因为忌妒心强的人，容不得别人比他更好，看不惯别人比他更成功，忌妒占领了他的内心世界，使他精神苦恼、生活无味，因此生活难以幸福。

人人都希望自己过得好，但"过得好"并不是靠想就能实现的，如果没有不懈努力，如果没有足够运气，如果没有良好人缘，如果没有虚心态度，就不可能"过得好"，即使偶然或短时间"过得好"，最终也很难守得住好日子。追求日子过得好是正能量，但是想实现这个目标并不容易，不仅要能得到，而且要守得住。

　　当下社会，患有"精神缺乏症"的人不少，种类也很多，需要针对不同的"精神缺乏症"，进行具体分析，对症下药，才能治病救人；如果将"精神缺乏症"误诊为"物质缺乏症"，然后补上强身壮体药，结果将导致"精神缺乏症"更加严重。任何一个人，如果患上"精神缺乏症"，不论他怎么干，都将与时代相悖。

　　在当下的法治社会中，居然还有人公开地敲诈勒索与恐吓，直接威胁他人人身与财产安全。如果这种犯罪行为都能得逞，那么哪来的人民安全？哪来的企业平安？哪来的法治可言呢？从人民安全到国家安全，安全问题越来越引起政府部门和全社会的重视。没有安全哪来安定？没有安定哪来发展？维护正义，坚信法制。

　　如何实现精神共富？建议采取缺什么补什么的方法，只有补足精神，才能挖掘内心潜能，助推实现共同富裕。比如：先富不想带后富的，补补奉献精神；发财后迁居国外的，补补爱国精神；升官之后还想发财的，补补共产主义精神、焦裕禄精神；贫穷且不肯努力的，补补艰苦奋斗精神。精神有能量，实现共富有力量。

　　精神共富，不能靠一朝一夕之力，而要久久为功推进；不能靠形式主义应付，而要扎扎实实落地；不能靠宣传走过场，而要深入推进思想教育；不能靠简单引导，而要树立信念信仰。抓好精神共富，有利国人树立正确"三观"，有利减少违法乱纪现象，有利改善不同群体关系，有利促进社会和谐，有利推进共同富裕。

精神力量是无穷的，"砍头不要紧，只要主义真，杀了夏明翰，自有后来人"，无数革命先烈为了推翻三座大山，为了社会主义革命与建设，为了实现共产主义，甘愿抛头颅、洒热血、献青春；当下，如果用共产主义精神来提升党员干部的觉悟，来引导先富带后富，那为实现共同富裕努力就会变为大多数人的自觉行为。

精神共富是实现共同富裕的核心，不论从第三次分配入手，还是通过税费政策调剂，如果先富的人内心想不通，就会给"先富带后富"带来阻力；不论是输血援助，还是帮带扶贫，如果贫困地区或贫困人群在精神上不能自强自立和自我造血，那再多的政策倾斜也无济于事。因此，实现共同富裕，应该从精神共富抓起。

公益是公益，商业是商业，两者之间不可混淆，但是，纯公益很难开展，纯商业竞争激烈，公益与商业之间能否产生内在关联？能否通过内在关系来实现相辅相成、相互促进的目标？公益人一直在思考，商业人一直在探索，社会上很多公益活动就是靠内在关联进行的，也确实取得了良好成效，诸多成功案例值得借鉴。

听故事的人、讲故事的人、写故事的人、演故事的人、故事的主角，都与故事相关，但角色不一样；听故事很轻松也很随意，可以听之任之；讲故事可以很真切也可以敷衍了事；故事可以编也可以造，可以随心所欲；演起来有声有色、有血有肉，还可以添油加醋；作为故事的主角，却是五味杂陈，可谓尝尽酸甜苦辣。

过去好友，现在难说，当下友好，未来难说；过去可靠，现在难说，当下可信，未来难说；过去诚信，现在难说，当下诚实，未来难说；过去当官，现在难说，当下在位，未来难说；过去发财，现在难说，当下有钱，未来难说；过去健康，现在难说，当下安好，未来难说；时空在变，社会在变，人性在变，静观其变。

到底是 1 大还是 2 大？不一定！有时是 1 大，有时是 2 大，主要看针对什么事情、什么对象。按常规的数字来看，应该是 2 大于 1。但从某些情况来看，可能是 1 大于 2，比如：大哥比小弟大，六〇年出生的比七〇年出生的年龄要大，排在首位的职务比第二位大，一级企业比二级企业大。其实，大小本无定论，全看参照系。

不论艰难险阻，都会成功，不管怎样努力，都不成功，这是天意所定；因无能、无用、无知而失败，因勤奋、艰辛、努力而成功，这是人为结果。"谋事在人，成事在天"，人必须积极"谋事"，为"成事"而拼搏，但最终能不能成功，还得靠"天意"。"天意"到底是什么？也许是天时，也许是地利，也许是人和。

2020~2022

社 交 篇

社交过程中，会遇到形形色色的人，有可敬、可爱、可交往的，也有可恨、可恶、不可交的，有爱你、帮你、关心你的，也有害你、损你、反对你的；社交过程中，可能会遇到心中的"神"，你会信他、崇拜他、追随他；社交过程中，也可能遇到"鬼"，会被缠、被整、被折磨。面对复杂的社交环境，努力学会甄别。

人际交流中，有坦诚直爽、真诚直白，有客套礼貌、顾前顾后，也有虚假伪装、表里不一，更有点头哈腰、唯唯诺诺。人人都是社会一分子，交际是必然的，交流是必需的；如何看待交流交际中的形形色色？人人心中有数。如何参与或主导交流交际？各有想法与门道。谁能真正看透事实、把握趋势，谁就是成功者。

人际交流中，如何才能听得进别人的话？如何接受他人的观点？首先要打开自己的胸怀，用平和、真诚的心情与心态去交流；其次在让对方充分表达的同时，耐心、耐性地吸纳、琢磨与思考；再次以包容的心情来面对，以扬弃的心态去接受。只要经得住整个交流、接受与包容的过程，你就会变得更加成熟、更有希望。

人际交流中有多种心态与状态，有相融式，有灌输式，有相攻式，有相守式，有攻守式，有相斥式，等等，总之，交流的心态与状态很多，这与人际关系相关，与人的脾气相关，与目的相关，与立场观点相关；从各类相关情况来看，交流过程中，心态与状态不同，结果自然不同，为了社交与事业，尽量调整心态与状态。

　　人际交流中，会有多种心情、多种心态、多种感受，有时很轻松、很投机、很舒畅，有时很压抑、很敌意、很疲惫，有时很浅表、很泛泛、很自然，有时很深入、很专注、很固执；总之，在不同时间段、不同场合，与不同人交流，会有不同心情、心态与感受，此时、此景会给我们带来什么、留下什么，需要我们深思。

　　交际三大原则：一不与反对共产党的人交心；二不与不爱祖国的人交情；三不与不孝父母的人交往。除此之外，还要回避与涉黑、涉毒、传播邪教的人交际，回避与冷酷无情的人交际。社会很大，可交的人很多，可学的人很多，可敬的人很多，只要有原则、有目标、有选择，肯定能找到可交际、可交往、可交心的人。

　　人与人之间的交往与交流，可以增进关系、促进友谊、减少误会、达成共识，可以对接信息、对接资源、对接人脉、达成业务，可以拓宽视野、改变思维、提醒防范、减少风险；可见，人与人之间需要交往与交流，只要经常、及时、主动地交往与交流，必有一定收获。特别提醒：坦然与真诚是人际交往和交流的前提。

　　当与对方的观点相矛盾时，尽量换位思考，听听他人的观点，思考对方的逻辑，也许会觉得有道理，也许对你的观点有补充，也许能反证你的观点立场。人往往被钻牛角尖的脾气所害，特别是在特殊场合中，如果带着脾气与个性来表达自己的观点，再好的观点也有缺陷，可见，提高素养与换位思考是和睦相处的良方。

思维多变的人，可能是因环境多变，也可能是心机多变；心机多变的人，可能诡计多端、疑心很重、心术不正，也可能积极好学、善于思考、努力奋进；与思维多变的人共事、交友或合作，先要了解对方，多变到底是偶然情况还是经常表现。一般来讲，偶变与环境变化相关，常变与心机变化相关，增进了解利于决策。

很多人的微博、微信名用的是昵称或代号，朋友圈大了之后，如果没有备注，很难将很多朋友的昵称或代号与其本人对上号，有时会搞得很尴尬。其实，除了名人或特殊身份的人士，一般人特别是在职员工或办企业做生意的人，没必要用昵称，否则，会给上司或部下，给供应商或客户带来不便，也给自己带来不便。

人际交流中，对方的身份、年龄、职业、性别和与你的关系，决定了对方的音调、语气和表达方式，也决定了你的交流方式。要根据对方定位和准备，有时只听不说，有时多听少说，有时可以用面部表情或肢体语言来表达或反映自己的意思；有时可以多说，但要注意交流对象的表情，要懂得"在什么山头唱什么歌"。

智商比情商重要，情商比智商实用？在一般社交场合中，情商直接有效，但在特殊环境下，智商能扭转乾坤；日常生活、工作、社交中，情商高才能吃得香、行得通，而面对斗智斗勇、明争暗斗等场合，更需要智商解开困局；人需要智商也需要情商，交际与调和全靠情商，竞争与斗争全靠智商。厘清本义，能获全胜。

　　每个人的观点与其文化、水平、眼光、视野、胸怀、资历、智慧、心态、心境、格局、视角、利益、情感、关系、经验、经历、角色、处境、信仰、民族、国籍等因素相关；由于观点受诸多因素影响，自然导致各持己见、众说纷纭的结果，面对不同观点与不同结果，最好不要与人争辩对错是非，而要表示理解和尊重。

　　针对同一件事，如果由不同的人、在不同的时间段、站在不同的角度去认识、评价，肯定有不同的结果或不同的答案；每个人都有其观点与理由，到底谁对谁错？很难说。面对社会上的很多事，你的观点不一定对，人家的观点不一定错，因此，没必要为某些想法与观点得不到认可而揪心，学会包容，方能减少烦恼。

　　朋友之间难免经济来往，甚至还会出现借贷或担保的情况。很多事实证明，如果朋友需要资金支持或担保时，你若不支持或帮忙，肯定说你不是朋友；如果你给予支持而那朋友不讲诚信将你套住，结果连家人都会被连累。朋友是朋友，经济是经济，如果朋友需要经济支持，最好是量力而为，尽力帮助，切忌意气用事。

　　也许你真心帮人而别人却认为是应该的；也许别人真心帮你而你却忘了感恩；虽然朋友之间不会计较，但每个细节都会影响友情。按理讲，除了特殊的血缘、亲缘、情缘之外，不存在谁帮谁是应该的，就算朋友愿意帮助你，你也要有感恩之心，就算你愿意帮助朋友，也希望得到认可。只有这样，才能让友谊天长地久。

站在友情与利益之间，会表露出不一样的态度与行为；有的为了友情而放弃自身利益，有的做到友情与利益两头兼顾，有的只认利益而不认友情；不同态度反映不同人生观，不同行为体现不同价值观；如果没有经过事实验证，很难鉴别友情真假；经得住考验的友情，让友谊更深厚；经不住检验的关系，变友情为怨恨。

"不是朋友多了路好走，而是路好走了朋友多"，此话听起来有点刺耳，但很现实。对某些事实、某些群体来讲，就是这个道理。朋友固然要紧，但要搞清楚是什么类型的朋友，是志同道合、爱好相似、患难之交？还是为了谋权、赚钱、慕名、求助而交？前者确是"朋友多了路好走"，后者却是"路好走了朋友多"。

对朋友要讲真情，当帮得帮、当护则护，但帮人当尽力而为，非为国为党为民的大事，没必要将身家性命搭上去；同样，一生中难免求人关照，凡自己能解决的，不要给朋友添麻烦，千万不要为了自己的利益而害了朋友。友情应当建立在互相信任、互相支持的基础上，保护朋友就是保护自己，保护自己也应保护朋友。

帮你的是朋友，害你的也是"朋友"，真正的朋友相互知根知底，关键时刻会帮助你支持你，而一些看似关系很好、表面很亲热的"朋友"，一到关键时刻，都可能反咬一口；真正的朋友不需要很亲热，而在心中彼此真诚相待，真正好的关系，不需要在场面上装，而那些靠装亲热的，也许就是未来要害你的"朋友"。

"朋友多了路好走"，按理说，多交朋友、少些结怨，多搞合作、少些相争，多做善事、少些缺德，多些谅解、少些损人，朋友自然会越来越多，支持你的人也越来越多，万一碰到困难，帮助你的人也越来越多。但是现实社会可能存在相悖现象，如何正确认识"朋友多了路好走"？关键看你如何交朋友、交什么朋友。

一方面，人是独立生命体，应该懂得独立自主、努力拼搏、自我完善，发挥主观能动性与潜能，干出一番属于自己的事业；另一方面，人是社会一分子，是群体动物，不能离开社会而孤独生存，可见人的一生中，需要得到家庭乃至全社会的关照与帮助。人的属性可以证明：人与社会之间的独立与相融，是对立统一的。

"滴水之恩当涌泉相报"，这是做人的基本原则，坚持这个原则，可以赢得他人关照与帮助。因为，任何人都没有必须帮你的义务，如果有人帮过你，理当深表感谢；如果没人愿意帮你，说明你做得不够好。因此，我们要用反证法来证明自己，用反向思维来思考问题，只有这样，才会感恩他人、减少怨气、完善自我。

只看眼前的人，偏重于算小账，注重未来的人，偏重于算大账；算小账的人打的是小算盘，计较当下小恩小惠，赢的是眼前利益；算大账的人打的是大算盘，对小利益并无兴趣，赢的是未来事业。什么样的思维决定什么样的目标，什么样的目标决定打什么样的算盘，要想做大事、赢未来，必须懂得打大算盘、算大账。

　　都说摆正心态、相信正道、顺其自然，听起来有道理，但事实并非如此，如果你摆正心态、相信正道，而别人来个歪心歪道，你怎么办？如果你顺其自然，而别人来个釜底抽薪、弯道超车，你怎么办？如果你相信正道、遵循正道，而别人来个歪门邪道、歪嘴念经，你又怎么办？可见，倡正道、顺自然，还要加强防范。

　　坦诚待人，是做人的基本准则，但坦诚待人也要看情况、看对象、看场合；在原则问题上，对组织、对领导、对同事、对家人、对朋友，理当做到坦诚相待；如果面对不友好或有矛盾的人，那就没必要也不应该以诚相待；如果是非原则、不正式、娱乐性的场合，也就不用句句坦诚。总之，坦诚待人要应人、应事而议。

　　每个人在成长或向往成功的过程中，难免求人帮助、提携与关照，但是，如果求人是一件让自己难堪、让他人为难的事，或者不去求人很可能遇到困境、带来损失、止步不前，面对认输还是求人、放弃还是求人的选择，很多人选择求人。在这充满人情世故的世界，做人做事也可灵活变通，必要时不妨向他人寻求帮助。

　　在职的与旁观者的表达不一样，在职的不是不懂，而是顾前思后、小心翼翼，旁观者并不一定专业，而是站着说话不腰疼；不说并不是不懂，可能是不方便说，又怕说了会影响自己的前程；旁观者肯讲并非有道理，而是不知天高地厚。芸芸众生，各有其道，口无遮拦、心直口快肯定会得罪人，说话稳准狠的人才是高手。

从人的社会属性来看，沟通是最基础的生存能力、最基本的生活能力、最重要的社交能力、最有效的工作能力；不会沟通的人会影响生存空间，不愿沟通的人会影响生活质量，不懂沟通的人会影响人际关系，不善沟通的人会影响工作效率。可见，不论在什么时候、在什么场合、遇到什么对象，善于沟通，肯定有好处。

社交对象中，各类关系都可能有，有真正的朋友，也有泛泛之交，有竞争对手，也有合作伙伴，有从陌生人变成朋友，也有从朋友变成陌生人，有从一般朋友到知己，也有从铁哥们变成对手……社交过程中，很难分辨真正的关系，一不小心，结局可能令人后悔。因此，不得不思考：到底谁是可靠朋友？谁是你的对手？

"没有莫名其妙的爱，也没有莫名其妙的恨"，社会上所有"莫名其妙"发生的、与爱恨相关的表象，其内在都与相关人的曾经有着必然联系，只不过世人未知那些暗藏的、积淀的、复杂的本质而已；每当你未知事件本质之前，尽量不要问为什么，也不要管是什么，更不能插手什么，否则会给你带来莫名其妙的麻烦。

你认为是对的话，要在对的地方、讲给频道对得上的人听，否则，要么白费力气、要么对也变错；有不同意见或合理性建议，也要通过合理的途径、选择合理的场合、用合理的方式表达、向讲理的人提出，否则，要么白白生气，要么是也变非。做人对自己不要太要强，对他人也不要太勉强，心到即可，否则物极必反。

　　大多数活动或会议，其目的、主题、议程、内容、任务、对象等等，都是预先有安排、有准备、有计划、有流程的；活动中的角色都有定位，有主人、主角、配角、主持、嘉宾、捧场或跑场等，参加活动或会议的人员，各自都应做到心中有数，务必扮演自己的角色，不能错位、不能缺位、不能越位，更不可喧宾夺主。

　　场面上，不是你肯讲、想讲、会讲就能讲，不是有意见、有建议就能提，不是会争、想争、要争就能争；因为，场面是场面的事，既要顾及自己，也要顾及别人，更要顾及场面；要想在场面上混，务必给场面添彩、给"搭台"人面子、给众人留下良好的印象；场面上，讲的是场面的话，只要不涉及原则，礼数到即可。

　　轮到你讲话，而你偏不讲，说明你失礼；轮不到你讲话，而你非要讲，说明不看场合；该讲迎合的话，而你偏要提意见，说明你不给面子；该大胆批评时，你却怕得罪人，说明你太过圆滑。场面上，怎么说、怎么捧、怎么贬，都有规则，如果不懂规则，就很难在社会上生存。总之，要想在社会上生存，就要悟懂规则。

　　人际交往中，如果只针对自己的想法发表观点，只围绕自己的目的利用对方，只考虑自己的利益勉强对方，就有可能变交流为矛盾、变矛盾为死局；人际交往中，不仅要考虑自己的观点、目的与利益，更要考虑对方的观点、目的与利益。因此，在交流过程中要换位思考、要谅解对方，尽量让对方舒服，也让自己满意。

　　在交流过程中很多事讲不清楚，是因为彼此观点不同频、角度不一致、目的不统一或层面不一样；在交流过程中经常听不清楚，是因为水平不一样、专业不对口、表达不明确或理解有差异；人际交流并不简单，为了实现交流目标，不但要注意交流对象、交流场景和交流内容，更要注重交流方式、交流技巧与交流艺术。

　　讲话是一门高深的艺术，清楚地表达意思、流利地表述事情，需要口齿清晰、思维清晰、词汇丰富、简明扼要；讲话应该把握要领、突出亮点、表达要点、体现观点，用词不堆砌、讲话不拖拉、举例不假设。听人用智慧的语言，讲经典的案例、有趣的故事，也许是种享受；而听那些陈词滥调、炒冷饭式的报告，也许是种折磨。

　　酒桌上的客套话包含着复杂的人际关系内涵，听人们的对话，观察人们的神态，就能知道人与人之间的关系如何，听敬酒时的表达，就能知道包含的意思；酒桌上的言意、心意、诚意，可能隽永含蓄，可能大胆直白，可能淋漓尽致；酒桌上的话，可能是"酒后吐真言"，可能是应付的客套话，不可不信，也不可全信。